Work-Life Happiness

実践
ワーク・ライフ・ハピネス2

成功する会社は仕事が楽しい！

監修者はじめに

今の多くの日本人は仕事に疲れているように見えます。先の見えない不安の中でなかなか業績が上がらず、それでも生きるために頑張らなければならなくて、毎日必死に仕事と闘っているように見えます。

しかし同時に、自分の生活も大事にしなければなりません。育児、介護、あるいは仕事以外の自分の役割、趣味のために必要な時間とお金を費やし、仕事以外の面においても自分の目標を達成しなければならない状況に置かれていると思います。

そうするとふと思ってしまいます。仕事と自分の生活のどっちが大事なのか。やはり生活あっての仕事だから、自分はたとえ給料が減っても、ストレスが少なく、より自由な時間を持てる仕事を選び、自分の生活の充実を図る、そういう人がいると思います。あるいは反対に、いや、生活は大変だ。育児にも子どもの教育にも大変なお金がかかる。だから、ここは無理をしてでもたくさんお金を稼げる仕事に励まなければならないと。

仕事を取るか、生活を取るか。生活で幸せを得るために仕事で苦労することを我慢するか、仕事を成功させるために生活を犠牲にするか、そういう会話は多くの日本人の中にごく当たり前のように語られているのではないかと思います。

しかし、もう少しよく世の中を見てみると、あまり目立たないところに、そういう会話とはちょっと無縁な企業があることがわかります。何気なく、ごく普通に仕事をしているように見えるのですが、よく見かける陰鬱なストレスのようなものをあまり職場に感じません。「所詮、仕事はお金のためだけさ」というような会話も聞きません。世の中が不況で、みんなが大変だといっているのに、確かに、大変ではありそうだけれど、もっと前向きにあれをしよう、これをしようという元気があるのです。大変人間的な雰囲気で、自分の生活と仕事が両立していて、生活と仕事の両方が楽しいと感じているような、そんな素敵な会社――そういう会社はよく探すと、決して珍しくないのです。

多くの日本人は、少し誤解をしているかもしれません。本来、生活と仕事とは、決して敵対的な間柄ではありません。シーソーのように片方が上がればもう片方が下がるというようなものでもありません。例えば、自分が大好きな地区の運動会があったとします。すると、その運動会の準備や役員をするのは楽しいことであり、同時に、自分自身の生活にとってもプラスであり、運動会も自分の生活も両方楽しいということがあり得るでしょう。

実は仕事も同じで、上手に仕事を考え、上手にリーダーシップを確立し、上手に人を教育し、上手によき企業文化を創ると、ごく普通の職種で、ごく普通に働いていながら、仕事も生活も楽しいという状態に組織を持っていくことが可能なのです。

先に著者らは、『実践ワーク・ライフ・ハピネス』という本を出版しました。その中で仕事も生活も両方楽しい会社の実際とそのすばらしさを多くの人に知っていただくことができました。本書はそれに続く第二弾です。まず第1章では、先の本ではあまり詳しく触れなかった成功の法則とよき企業文化について少し詳しく解説していきます。ワーク・ライフ・ハピネスというのは決して心がけだけの問題ではありません。それを実現すると、どうして成功するのか、その理由があります。しかもその成功というのは一時的な成功ではなく、長期的な成功であり、多くの人たちが望んでいるすばらしい企業というものの現実の姿です。

とくに、そこには近代経営学の祖ともいわれるW・エドワーズ・デミング博士が昭和二五年から日本の産業界の首脳たちに教えた成功の法則というものがあります。そして、それを実現するための建設的な企業文化というものがあります。すなわち、何をすれば成功するのかには古来から変わらぬ続く成功の法則があり、その法則を実現するときに欠かすことのできない企業文化、社風というものがあるのです。第1章ではその部分を紹介していきます。

第2章以下では具体的な企業の分析を進めていきます。それを読んでいただくと、すばらしい企業、ワーク・ライフ・ハピネスを達成している会社はかなり身近にあるということを理解していただけると思います。すなわちワーク・ライフ・ハピネスを実感している日本人は、実は結構いるのです。決して目立つことはないけれども、確実にいるのです。

ということは、誰でもそれを実現することは可能なはず。そうなのです、生活と仕事のバランスに悩んでいる状態から、生活と仕事の両方を充実させる状態に変えていくことは潜在的に可能なのです。本書を読んでいただくと、第1章ではその理論的な部分について、第2章以降ではその実際の部分について理解していただくことができると思います。

しかし、一番簡単なことほどそれを達成するのは難しいということがあります。ワーク・ライフ・ハピネスを達成する上で最も難しいのは、ごく普通の人としての温かい心、明るい気持ちを職場で持ち続けることです。それは簡単さゆえの難しさがあり、実は簡単なことではないかもしれないのです。

だからこそワーク・ライフ・ハピネスを達成することに意義があるのです。それによってあなたも、あなたの企業も、顧客も社会も、そしてあなたの家族も幸せになって、それが経済全体をよい方向に変えていき、世の中をよくしていくのです。

みなさんもぜひ、自分自身のワーク・ライフ・ハピネスを達成していただきたいと思います。

平成二六年　冬

経済アナリスト　藤原直哉

第3章

［実録］ハピネスストーリー

ハピネスポイント

ハピネスポイント

ケーススタディー04

株式会社浜野製作所

コミュニケーション能力がワーク・ライフ・ハピネスを実現する——194

経営者が呼び入れた新鮮な〝風〟受け
社員はイキイキ、会社はハツラツ

ケーススタディー05

株式会社平金商店

時代の一歩も二歩も先を行くハピネスに満ちた老舗企業

働く女性のキャリアと家庭を応援して、従業員と会社と、地域が共に生きる

230

ハピネスポイント

第4章 さまざまな形のワーク・ライフ・ハピネス

第1章

企業における成功法則とよき企業文化

1 小さな変化が世界を変える

■栄枯盛衰を繰り返しながら進化する経済

二〇〇八年九月、リーマンショック。

そこから始まった世界経済の逆回転はすさまじいものがありました。いったんは新興国や資源国の景気回復で経済は持ち直したものの、所詮は各国政府がマネーを市場に注入して人工的に市場を支えただけ。やがて、その効果は消えてしまい、市場は再び下落を開始しました。それにともなって多くの国々の経済は、再び縮小の方向に動き出したのです。先進国、新興国、資源国を問わず、世界中が一体化した経済の中で働く人たちは、激しい乱気流に巻き込まれ、毎日大変な思いをして仕事を続けています。

歴史を振り返れば、**現代の資本主義経済は過去何回もの不況、大恐慌を繰り返して今日まで続いてきています**。決して、単調に成長が続いて来たのではありません。多くの好景気と多くの不況、そして数十年に一度来る大恐慌を経ながら経済の質を進化させて今日に至っているのです。

すなわち、我々が生きている経済は単に同じところで、好景気と不景気を繰り返しているのではありません。好景気と不景気の繰り返しの中に壊れるところと新しく生まれるところ、消えていくところと勃興しているところがあります。**量の増加、減少ではない質の変化、つまり、経済の進化というものが見られる**のです。

■時代のブラックホールとビッグバン

今日、世界各国の政府や企業が世界大恐慌に直面してたじろぎ、思考停止状態にすらなっている最大の原因は、こうした経済の質の変化、経済の進化というものに対する認識が乏しいことにあります。何事も壊れるものがあれば、生まれてくるものがあります。ブラックホールに吸い込まれて消えていくものがあれば、その同じ場所にビッグバンが起き、全く新しい何かが忽然と世の中に現れてきます。**今のような大恐慌はまさにブラックホールとビッグバンが同時に起き、経済の中で大きな力を発揮しているの**です。ただ単に、ひどい不況が来たというわけではないし、あるいは何か対策を打てば昔の姿に現状復旧するというものでもありません。歴史は常に前に進み、新しい世界が目の前に開けてきます。その認識が乏ししいときに、人々は**大恐慌で単に破壊だけが目につき、その破壊とともに自分たちの未来もなくなってしまうのではないかと思ってしまう**のです。

しかし、そういうことはありません。時代は思いがけない方向から次の方向へ道が開け、少し時間が経てば、今までとは全く違った時代に我々は生きることになります。例えば、今から八〇年前の前回の世界大恐慌のとき、世界は金本位制を採用していて、基軸通貨は米国ドルではなくて英国ポンドでした。日本には軍隊があって、憲法も現在とは違う憲法でした。今よりはるかに貧富の格差は大きく、国民皆保険制度というものもありません。人身売買は貧しい農村では当たり前に行われていたし、職場の安全管理は今の水準から見ればあってなきがごとし。コンピュータがないのはもちろんのこと、郵便や電報でさえ届けるのが大変な場所が少なくありませんでした。

それが今はどうでしょう。とっくの昔に金本位制はなくなり、この間にソ連という大国が生まれ、そして消滅しました。日本軍はなくなり、日本の憲法は変わり、米ドルが基軸通貨の座を占めましたが、今、その行方が怪しくなってきています。福祉国家の理念のもとにさまざまな援助が国民に対してなされていますが、その先行きも怪しくなっています。たった八〇年ほどなのに、世の中は嘘のように変わってしまったのです。

■変化する経済と経営の舵取り

経済というのは、昨日と今日の間では全然変わらないように見えていながら、少し時間が経てば光景も常識も全く変わってしまうものです。景気がよいとか悪いとかいう話は、今日を生きるためや、今年の成果を出す上にはきわめて重要なことです。ところが、少し時間が経てばそれはあまり問題ではなくなり、数十年の時間の単位ではある年に景気がよかったか悪かったかは全く問題ではなくなります。

その一方で、昨日と全く変わらないはずの今日、何かふと気がついた新しい変化や、ちょっと変わったニュースなどは、たいていの場合、明日の仕事をすることに対して何の影響ももたらしません。すなわち、ニュースで流れるさまざまな事件やどこかで新しい製品が開発されたといった話は、ほとんどが〝他人事《ひとごと》〟です。少なくとも、今日明日の自分の仕事だけでなく、たいていは来年の自分たちの仕事にもほとんど影響を及ぼしません。

ところが**数年も経つと、実は、そういう小さな変化がとどめがたい大きな変化になって身に迫ってきていて、そういう大きな変化に対応しなければ未来がないという状況に追い込まれてしまっています。**

例えば、不動産価格が大きく下がってしまったとします。すると、それまで銀行は不動産担保さえあればいくらでもお金を貸してくれたのに、あるときから不動産担保があっても収益が上がらないとお金は貸せませんといい出します。また、業界である種の談合をしながら、それなりに利益を出して安定的に経営していた企業があったとします。ところがある日突然、規制緩和とともに怒濤のように淘汰や異業種の参入が起きて、気がついたら今のままでは自分たちに未来がないことがわかったりするのです。

そして、数十年の月日が経てば、そこで大事なことは毎日の日常的な仕事のニュースではなくて、数は少ないけれど、大きく経済を変えることになった重要なニュース、あるいは世の中を決定的に変えた新しい技術の登場を知らせる最初の小さなニュースなのです。

こうして**経済は日々進化しながら、小さな変化のように見えて、しかし、少し時間が経てば元に戻ることはできないだけでなく、昔から見れば想像もしない形に進化を遂げている**のです。

経営とは、こういう経済の海の中で泳ぐことです。ですから、**船乗りが常に天気や海の状況を気にしながら船を操るように、経営者も常に、経済の状況を気にしながら経営をしていく必要があります**。これをしていないと、ある日突然、経営は経済の大暴風に巻き込まれて沈没の危機に陥ることになります。

あるいは、そこまで行かなくても、知らず知らずのうちに全然知らないところを漂流していたり、どこかに座礁してしまったりします。そして結局、自分たちが欲している目的地にたどり着くことができなくなるのです。

■小さな変化に注意深く気づく経営者

世の中の大きな変化の多くは、最初は小さな変化があちこちに出現するという形で始まります。ある日突然、何の前触れもなくすべてが変わることはありません。ところが、よく見ていると、ずいぶん前から変化の兆候というものは現われています。さらに、今までのやり方の矛盾が数多くの問題を引き起こしたりします。

と同時に、そういう矛盾にさらされずに、ほとんど問題なく物事を上手にこなす人たちも出てきます。大きな変化の前には必ず小さな変化があり、小さな変化を重視してそれがいずれもたらすであろう大きな変化を予想できる人たちです。小さな変化のところで手を打っていれば、たいていの場合、大きな変化に直面して立ち往生することはありません。

例えば、今回の世界大恐慌のときも、株価の大暴落の前に極端に上がり続ける株価について、物事のわかった人たちが幾度も警告を発していました。さらに、新興国については、もし先進国で何か金融経済の問題が起きれば、それに巻き込まれて自力で不況を克服することは難しいのではないかと指摘する人たちもいました。

もし**注意深い経営者がいたら、そういう問題点をよく見ながら仕事をすることができて、それが限界を超えて破断する前に撤退するなり、進む方向を変えるなりして、巨大な危機を免れることができたはず**です。

破綻があれば創造があります。今までの時代の何かがそこで消え、今までの時代になかった何かがそこで生まれます。それが大恐慌のような変化の激しいときには、誰の目にもきわめて鮮明に見えてきます。**その大きな変化の前にどれだけ早く気がつき、どれだけ早く手を打つかです。それが実は、経営者にとっては非常に大事なこと**なのです。

実は、今の我々もまったく同じ状況下にいます。

さて、この大恐慌を乗り越えて、ますます元気になる企業はどんな企業でしょうか。どんな経営の方法が、この先に明るい未来を創ることができるのでしょうか。本書は、そういう問題意識を持った人たちに、非常に重要な示唆を与えてくれるはずです。

2 成功の方程式

■経営者に意識改革を迫ったデミング博士の品質管理

かつて、第二次世界大戦に負けた日本に進駐してきたＧＨＱ総司令官のマッカーサーは、日本のラジオや電話交換機の品質が悪く、不満を抱いたそうです。そこで、日本人にもっと質のよい機械をつくらせるために米国から品質管理の専門家を招へいしました。その中心人物がＷ・エドワーズ・デミング博士です。博士は昭和二五年（一九五〇年）から数年間にわたり、当時の日本の産業界のトップたちに経営の新しい方法論を教えました。それは、第二次世界大戦の敗戦によって、今までの自分たちの経営の方法、そして経済の運営の方法が成功をもたらさないことを実感していた多くの日本人に、非常に大きな衝撃を与えたのです。

当時の日本人のトップたちにデミング博士が教えたポイントをまとめると、次のようになります。

・市場は今や世界的規模となった。品質の国際規格と品質を表現する国際語が求められる。
・最も大切なのは顧客。顧客と長期的関係を結ぶように努めよう。商品の設計と生産に際して、継続的に消費者のニーズを理解するようにする。
・品質は経営者によって決定される。商品のサービスと質は、消費者のニーズを反映していなければならない。商品は均一で一貫した基準を維持し、確実に機能しなければならない。商品の品質が経営陣の意図や指定を上回ることはあり得ないのである。品質は、経営者のリードの仕方次第で、結果としてついてくる。
・生産は一つのシステム。サプライヤーはあなたのパートナーである。サプライヤーをパートナーとし、システムになくてはならない部分にしよう。顧客もまたシステムの一部であり、その中で最も大切な部分である。統計的品質管理は、システムのあらゆる段階で適用されなければならない。
・連鎖反応。工程と商品を改善すれば、コストが下がり、よりよい品質とより安い価格で市場を獲得することができる。そうすれば事業を継続し、いっそう多くの雇用を創出することが可能になる。
・日本は、自らを一つのシステムとしてとらえるべきだ。日本全体が一つのシステムを構成しており、国中に信頼と協力関係が必要である。品質、信頼、協力に関する共通のコミットメントが、〝まるで野火のように〟日本全国を席巻しなければならない。「日本人全員が燃えており、全員が成功をつかむだろう」。

私は、この文章を読むたびに思うことがあります。

なぜ、戦後の昭和時代に日本経済は成功し、なぜ平成に入ってから凋落に次ぐ凋落を続けたのか。それには、あまりにも明らかな理由があります。何が正しいかを見抜き、正しい経営をすれば誰でも成功をつかむことができるのです。しかし、それとあまりにもかけ離れた経営をすれば、誰でも失敗し、やがては国も傾いてしまうということを——。

■デミング博士の驚異の教え

昭和二五年にデミング博士が、当時の日本の産業界のトップたちに語った成功の法則は驚くべきものです。今日の多くの人たちはこの文章を読んで、それが昭和二五年という占領下にある日本の〝大昔〟の処方箋だとはまったく思えないでしょう。現代の経営を成功させるための成功の法則がそこにあるといわれても、誰も違和感は覚えないはずです。

例えば、昭和二五年の当時から、**品質は国際的な基準によるもの**だと書かれています。すなわち、**よいものは世界中どこに持っていってもよいものだし、悪いものは世界中どこに持っていっても悪いもの**なのです。つまり、世界の人たちが賞賛してくれる品質を常に目指して仕事をしなければならないのです。

そして、**顧客が最も大切だ**といっています。現代でも顧客重視、顧客視点、あるいは顧客満足度の重要性はあらゆる場面で強調されています。ところが、もう**昭和二五年に、当時の日本の産業界のトップは、顧客が最も大切だということを習っている**のです。これは最新の経営哲学ではなくて、古来変わらぬ経営哲学です。そのことを現代のビジネスパーソンはどれだけ知っているでしょうか。そして、**顧客と長い関係を持つことの大切さ**が説かれています。しかし、どうでしょう。今の私たちは一時にたくさん売れること、いかに大量の顧客を獲得するかに、その顧客からいかに利益を吸い上げるかに偏重しすぎていないでしょうか。

そして、**顧客のニーズをよく理解して、設計や生産を行うこと**。これは例えば、日本の半導体、家電メーカーが没落した直接の原因です。すなわち、一時の成功によって自分たちの技術や手法は世界最高であり、新興国の人たちのニーズや安い製品の品質など聞くに及ばず、という傲慢な態度こそ、彼らが没落した最大の原因なのです。そこには、顧客のニーズからかけ離れたエンジニアと経営のエゴがありました。

さらに、**品質は経営者が決定する**といっています。品質は現場の職人技が決めるものでもなく、機械の性能が決めるものでもなく、現場の社員の頑張りで決まるものでもありません。品質は経営者が決定するものです。このことを、とかく現場を軽視しがちな現代の多くの経営者は、どれだけわかっているでしょうか。

そして、**生産を一つのシステムとして考え、サプライヤーや流通・小売りの人たちを一体のものとして考えよ**といっています。しかし、どうでしょう。今の日本では親会社と子会社、本社と下請け、どこでも企業や人にヒエラルキーを要求します。ヒエラルキーの高い人からいわれたことは絶対であり、下の立場の人、社外の人、非正規の人は決して逆らえないというおかしな慣習が蔓延しています。最近の経営では、経営や生産そのものがまったくシステムとして機能していない例が数多くみられます。

さらに、**コストを下げることについては、品質を上げることで結果的にコストが下がる**とあります。すなわち、コストを下げるには「攻めよ」といっていて、「切って」コストを下げよとはどこにも述べていません。今の日本は、とにかく利益を出すために人減らしをしたり、事業分野を売却したりすることが当たり前に行われています。切ることが、経営だといわんばかりです。しかし、そういう切る経営をした会社はその後、永続的な成功を達成するのは難しいことが多いのです。すなわち、社内外に不信感が残り、長期的な観点に立った研究開発は止まり、未来を創る商品開発も止まってしまいます。結局、企業は空洞化してしまうのです。**コストを下げたかったらもっとよい品質のものをつくり、もっとよい値段でたくさん売れるようにすべき**です。結果として、雇用も増やしていくことが大切なのです。

そして最後に、**日本全体を一つのシステムにし、日本人全体が燃えているようにすること**。今の日本を見ていると、かつての日本人は本当にそう考えて仕事をしていたのだろうかと思えるほど、正反対の状況になっています。政治は富の格差を事実上助長する政策を正しい政策として押し広げ、大企業もまた、社内を分断して各自が孤立するような状況をつくり出し、多くの日本人からはやる気が消え、燃えているのとは正反対の氷河時代のような心象風景の中に置かれています。その冷たい風景の中で、目の前の自分の生活の糧を稼ぐことに汲々としているありさまです。

■世界大恐慌は、成功の法則を無視した結果

いったい日本はどうしてしまったのでしょうか。

ここに書いてある**デミング博士の成功の法則は、昭和二五年当時の成功の法則ではなく、古来変わらぬ成功の法則**です。ですから、米国人からこれを学んだ日本は、その後あっという間に経済が大きく成長しました。

反対に、昭和五〇年当時までデミング博士のことをほとんど知らずに、こういう成功の法則を無視して経営を続けていた米国や英国は、あっという間に衰退の道をたどることになったのです。それはあまりにも明白な歴史の事実です。

現代の世界大恐慌の背景には、実は日本だけでなく、世界の多くの国が、デミング博士のいう成功の哲学からかけ離れたことをしてきたという事情があります。わかりやすくいえば、貧富の格差を助長する政策や経営を正しいこととして推進してしまい、そのために企業も国も、そして世界も分断状態に陥ってしまったのです。その結果、未来を創る元気、攻める勇気と行動力がどこからも生まれてこなくなってしまいました。反対に、あまりにも無責任な金持ちの横暴、激しい投機だけが広がり、最終的に、それが限界を迎えて、体制全体の崩壊へと動き始めたのです。

それは、あまりにも大変なことであり、あまりにも馬鹿げたことです。**古来変わらぬ成功の法則を無視すれば、世界はやはり大恐慌に陥らざるを得ない**のです。

3 今、注目すべき成功の法則

■成功と失敗の分かれ道

逆に、今のこういう情けない状況の中で成功している企業は何をしているのでしょうか。はっきりいって、デミング博士が伝えた成功の法則をきちんと守っているのです。いろいろな**成功企業を見ると、やはりそこには共通したパターンがあり、それは要約すれば、デミング博士の成功の法則に行きついてしまう**のです。ある意味、現代の経営においては何をすればうまくいくのかの答えはすでに出尽くしてしまっていて、その通りの経営が実現できれば成功するが、それができなければうまく行かないということなのです。

ではなぜ、そこまでわかっているのに成功する企業と成功しない企業があるのでしょうか。成功する企業と成功しない企業は何が違うのでしょうか。そこが、現代の私たちにとって最も興味深いところであり、注目すべきことです。前述のように、**成功の法則は明確にわかっています。その成功の法則を達成するために何をすればよいのか、その方法論と方法論を実**

行させるものの考え方こそ、実は今すべての経済人が学ぶべきことなのです。

その答えを一言で、要約していいましょう。

それは〝**楽しく**〟**仕事をすること**です。楽しく仕事をする⁉ それは、昨今のリーダーシップの展開をあまりご存じない方にはまったく想像外のことでしょう。あまりにも正鵠から かけ離れた答えのように思えるかもしれません。実は、そういう疑問のある人ほど、本書を読んでほしいのです。社員が楽しく仕事をしている企業は、実際にどうなっているかを垣間見てほしいのです。

特に、この三〇年ほどの世界のリーダーシップの展開は、経済のグローバル化に伴って極限まで競争が厳しくなる中で、リーダーは何をすれば成功できるかということでした。もちろん、成功の法則は多くの人が頭ではわかっています。しかし、それを実際に日々の職場でどのように実現すればよいのか。それを多くのリーダーたちは考え、試行錯誤し、成功への道を切り開いてきたのです。

その中で、一つの興味深いポイントは、〝**頑張る**〟**よりも**〝**楽しく**〟**仕事をしたほうが業績がよいということ**です。今日のリーダーシップにおいては、個人の目標と仕事の目標を一致させ、仕事と生活の両方が楽しくなるように上手に人と企業の関係をつくり出すことが求められます。**誰かに勝つために仕事をするのではなくて、自分と企業と、そして顧客と世の中のために仕事をすること**です。そうすることで、今までは考えられなかったような高水準の満足度を、働いている人が自ら手にできるようにするために、さまざまな施策を行っていくことが大切になっているのです。

　これを別の視点からいえば、企業は誰のために仕事をしているのかということです。例えば、ある人は自分の利益のために仕事をしているといい切るかもしれません。会社も商品も顧客もすべて自分が利益を得るための道具であり、自分はありとあらゆる合法的な方法を駆使して仕事をし、個人的な利益を最大化するという考え方です。ここでは、こういう考え方が間違っているといっているのではありません。そうではなくて、現代のように、きわめて競争が厳しい状況では、残念ながらこういう人がビジネス界で生き残ることは大変難しいのです。

　というのは、情報が迅速にあらゆるところに伝わり、しかも、日本のように人口が減り始めている国では、特に悪い評判はあっという間に伝播します。自分の利益を極大化するということは、往々にして他人が得られたであろう利益を自分のほうに回してくることを意味します。だから、いくら商売が上手で、話が巧みで、法律の才に長けていても、逆にそれだからこそ、その人は警戒されてしまい、結局同じような志向を持った人や企業としか取引関係を結ぶことができないことになります。すると、相手方も同じような発想と行動をするのですから、こういう人たちは、実はいつもお互いに食い合いをし、勝った負けたの発想の中にいます。すると結局は誰も成功せず、すべてが疲弊していくという構図に陥りやすくなります。あるいは、こういう人たちは一攫千金を目指すことが多いので、バブルの罠にまんまとはまり、バブル崩壊で見事にすべてを失ってしまうことも少なくありません。

また、自分の利益ではなく、とにかく商品にすべてのこだわりと情熱を注いでいる人や企業があります。それはもちろん悪いことではありません。精魂込めてつくった自身の商品をどこまでもそれをよいと思ってくださるお客さんのために提供し続けます。一見それで、すべてがうまくいくように思うのですが、実は、そこに意外な落とし穴があります。例えば、業界の規制緩和が行われたとき、値段が大きく下がってしまい、今までのやり方ではどんなに精魂込めた商品をつくってもお客さんが振り向いてくれなくなることがあります。お客さんの個別のニーズを汲み取ってあつらえるという仕事をすればよいのに、自分がよいと思うやり方でしか商品を提供していないから、やがてお客さんとの接点が薄くなって、次第に忘れ去られ、飽きられてしまうことになります。

やはり成功の法則は、デミング博士がいうとおり、顧客と長くよい関係を築き、顧客の意向をよく反映した商品をつくることです。それを可能にするためには、一人ひとりの社員自身がいつも顧客の動向、意向、志向を気にかけ、顧客が今満足しているだろうか、次に顧客は何を求めるだろうかということを考えて仕事をしていなければなりません。自分自身の利益を直接の目標とするということは、自分に一番近い存在、すなわち自分の財布と足元しか見ていないということです。次に、商品に情熱を注いで仕事をするということは、自分の手の上に乗った商品、自分の目の前にある商品、すなわち自分にすぐ近い、自分がコントロールできる存在しか見えていないということです。

■社会全体に視線を向けることが成功への道

それらに対して顧客を見るということは、第三者であり、他人であり、自分がコントロールできない存在を大事にして仕事をするということです。時代にそぐわない先の二つの考え方と比べると、最も遠くまで視線が伸び、また最も遠くまで思いやりの気持ちが飛んで行っているといえます。すなわち、今日の企業を成功させるために最も大事なことは、働いている人たちが自分から見て第三者である顧客や、さらにその先にある社会全体をいかに大事な

ことと して意識しているかということなのです。第三者、三人称のより遠くまで、よりよい幸せを祈り、考え、行動するときに、実はデミング博士の成功の法則が自然と会社の中で実現されているのです。

逆からいえば、**視線が遠くまで伸びる人は顧客のことが気になってしかたがない。自分が売った商品で顧客がどうなるかが気になってしかたがない。果たして、自分たちの売った商品で顧客が満足してくれているか気になって仕方がない**。だから、あらゆる機会をとらえて顧客とのコミュニケーションを図り、もし何か足りないことや物があればそれを新商品で提供したり、改良・改造で応じたりして、世界に一つだけの、あなたにしかない商品であることを示して、顧客が持つ固有のニーズをできる限り充足させたいと思うのです。

そのためには、社内でいがみ合っていたり、セクショナリズムに奔走したりしているわけにはいきません。他業界にも働きかけて、よりよいサービスができるように努力していくべきです。将来にわたって改良、改善、そして新商品の提供を続けていくためには、**今の利益がほしいからといって未来を創るための経営資源を切るわけにはいかない**のです。そんなことをしたら、今後の顧客のニーズに応えられなくなり、長いお付き合いの顧客は困るだろうし、自分たちも困ったことになってしまいます。

ざっといえば、こういう発想で動いている会社がデミング博士の成功の法則をごく当たり前に実行し、景気にかかわらず成功を実現していくことができるのです。

楽しく仕事をしている会社というのは、単に自分の利益を稼ぎ、単に自分の商品をつくって喜んでいるのではありません。仕事を通じて、顧客と社会が幸せになることを願い、それが実現して楽しくなっている会社なのです。それは、こういう社風とは無縁の企業で働いている人にとっては全く夢物語のように聞こえるかもしれません。逆に、こういう社風の中で仕事をしている人にとっては、そうでない社風の会社は信じられないのです。

■リーダーシップの最大の役割は〝楽しさ〟の演出

こういう心の底から出てくる楽しさ、達成感、あるいは人と仕事を通じてよき関係を結び、人として成功できた喜びは偉大なものです。人の人生をよき方向に変えていく非常に大きな力を持っています。それはまさに、人と自然が持つ本源的な力であり、人が仕事を通じて成長し、また仕事を通じて企業も顧客も社会もよりよい方向へと成長していくということです。それを職場でいかに体験してもらうかが、今日のリーダーシップの最大のカギなのです。その達成感さえ得られれば、人は強制されずとも本気で仕事をするようになります。すなわち、単に頑張らなければならないから頑張るのではなくて、何か大事なもののために本源的な元気が湧いてきて、楽しく、そして外から見ればきわめてよりよく、かつ、普通の人が単に頑張るだけでは到底達成できないほどの成果を持って、仕事をやり遂げるのです。こういう会社が本当に成功している会社なのです。

そうすると、従来のように自分の利益とか他人と戦って勝つとか、ひたすら競争に勝つように頑張るといった水準の意識と行動を続けている間は、決して大きな成功は得られないということに気がつくでしょう。これは見方を変えれば大変な事態であり、もはや**企業の成功はお金や知識といった外形的なものによっては達成できない**ということです。**成功は、働いている人の価値観の向上とそれを通じた働き方、社風の向上を持ってするしか手にできない**ということなのです。すなわち、現代の世界経済はそこまで行かないと成功できないぐらい競争が厳しいのです。半世紀前ぐらいまでの、とにかく自分の利益のために死に物狂いで頑張りさえすればいいという時代は、もはや過ぎ去っています。確かにある一時期、人は頑張ることが必要です。死に物狂いになることも必要でしょう。しかし、そのレベルを続けていては、安定した繁栄、本物の成功は得られません。それほどに世の中はある意味で進歩し、進化し、また厳しくなっているのです。

ということは、現代の新しい成功の法則、今注目すべき成功の法則とは、企業におけるリーダーシップ教育以前の問題として、人としての価値観、生き方をいかに向上させるかにかかっているということです。いかに**世のため、人のためになることを本気でできるかということを若いうちから教育し、身につけさせていかなければならない**のです。こういう社風の会社をいかにつくるかということです。

4 建設的企業文化とは

■達成文化と人間性促進文化

それではここで、こういう成功企業が持つ社風、企業文化はどのようなものであるかを紹介しましょう。一般に企業文化といえば、企業の大小、メンバーの男女差や地域性、業種による違いなど、あらゆる側面で分析することができます。しかし、基本的に企業を成功へと導くことができるかどうかは、それらとは無関係に、今まで述べてきたような顧客視点の経営ができる文化を持っているかどうかということです。

さらに、そうした**顧客視点の経営は、積極的な変化を自ら起こしていく経営ということ**を必然的に意味します。なぜならば、世の中が変化すれば、顧客を取り巻く環境が変化します。その変化の中で顧客が成功を続けるためには、自分たち自身が新しい取り組みをし、商品を世に出して、積極的に顧客の役に立っていかなければなりません。だからこそ、変化に対して建設的な文化が必要になるのです。すなわち、必要な変化、望ましい変化は自ら起こしていこうという文化です。変化に負けないように頑張るとか、変化に対して見ざる・言わざる・聞かざるを決め込むという文化とはまったく異なる文化です。

さらにこうした**変化に対する積極性には、仕事に対する建設性と人間関係に対する建設性の二つの側面があります。前者は、新しい仕事、よりよい仕事を積極的に自分たちで始めて推進していこうという建設性です。そして後者は、仕事を通じて同僚との人間関係がよりよくなり、それがお互いの成長をもたらし、また今まで一緒に仕事をしていなかった人たちを一人でも多く巻き込み、より大きなよき人の輪をつくろうという建設性**です。

ここでは、仕事に対する建設性を示す文化の代表例である達成文化と、人間関係に対する建設性を示す文化の代表例である人間性促進文化について、その特徴を示しておきましょう。

それぞれの文化について、その概要、その文化を持つメンバーに特徴的な行動、その文化を創る要因、そして、その文化を持つ組織がどうなるかを順に紹介していきます。

■達成文化の意味と特徴

達成文化を持つ組織はメンバーがよい仕事をすることを促しています。メンバーは達成することは難しいけれども現実的な目標を持つことと、こうした目標に到達するための計画を立てることが期待されています。そして、仕事に対して情熱を持って取り組みます。この文化を持つ組織は効果的な組織であり、問題は解決され、顧客はとても大事に扱われます。そしてメンバーは、自分自身と組織の両方に対して健康的で相互に有益なやり方で考え、行動をします。

《達成文化を持っている組織のメンバーに特徴的な行動》

- 自分で決めた目標を達成すべく仕事をしている
- 行動する前にほかに方法はないか考えてみる
- 難しい仕事に挑戦する

- ある程度難しい目標を設定する
- 質の高いものを追い求める
- 達成感のために仕事をしている
- あらかじめ考え、計画する
- ある程度のリスクを取る
- オープンに情熱を見せる
- ビジネスを知っている

《達成文化に至る要因》

部下は達成感を求めて考え、行動しているのだと個人的に考えているマネジャーは、このような文化を上手につくることができます。しかし、マネジャーが個人的にはあまり強く達成感を求めていない場合でも、達成文化は創れるようです。マネジャーはグループ・ミーティングを非常に重視します。その中でメンバーは、目標を決め、意見を交換します。**マネジャーは部下が仕事の計画を立てることを助けますが、より強く、彼らが仕事を改善することを助けます**。マネジャーは高い仕事の基準を持ち、メンバーが最大限の努力をすることを期待します。そして、ある程度高い水準の援助と、個人的に関心を払うことで、その期待をバックアップします。

この文化は、仕事を達成することに直接関係する諸要因を効果的に維持することで確立されます。まず第一に、人々は組織内のグループで行われることに大きな影響力を与えられています。そこには、目標設定に対する影響力も含まれ、さらに目標には、個人的に達成すべき目標と組織としての目標の両方が含まれます。

第二に、仕事を楽しくするプログラムなどを通じて、仕事を効果的に与えることが重要です。仕事は従業員が、

（1）自分も参加して仕事の計画をつくることができ、
（2）異なる技術を必要とする数多くの仕事をこなし、
（3）仕事をする中で、自分自身の仕事の出来具合を評価することができ、
（4）すばらしいサービスを実現するなど、抜きん出た仕事を行い、
（5）自分の行った仕事が人々に大きな影響を与えていると感じるようなものとなるように、デザインします。このように仕事をデザインすることで、仕事を割り振られた人は非常に大きな責任を持ち、彼らは組織としての目標を自分から考えるようになるのです。

この文化は、よいパフォーマンスと結果を効果的に結びつけ、メンバー自身が評価する業績評価と報奨システムを導入することで、さらに強化されます。評価は公平であるとみんなが思うことができ（人種や性別に関して偏見がない）、パフォーマンスの評価は現実の評価尺度に基づいています。よい仕事は、ことごとくそれを讃えます。それは昇給や昇進など、他の手段を用いるよりも、さらに強く達成願望を高めることになるのです（もちろん、高い水準の必要条件を満たす前に、低い水準の必要条件を満たさなければならない。そのため、この文化を持つ組織では、いろいろな種類の報奨を用いる。しかし、この文化を最も強く促進するのは、その人を個人的に認めてやることであり、誉めてやることである）。間違いもちろん認識されます。しかし、**マネジャーは必ずしも罰するとは限りません。ただ、部下が問題を正すことを助ける**のです。

《達成文化を持つ組織はどうなるか》

この文化を持つ組織のメンバーは、この組織は非常に有効性が高いと感じています。そして、製品やサービスはでき得る限りの高い品質を達成していると見ています。組織は顧客の要求や嗜好の変化に対して大変反応性が高く、高水準の顧客満足を達成していると考えられます。実際に、この文化を持つ小売業では、売り場面積から通常考えられる以上の売上を達成しています。

この文化を持つ組織の人々は一般に満足しています。その組織に在籍しようと考えており、ほかの人にはよい職場だと推薦します。この満足度の高さは、一つには一人ひとりが何をやればよいかが明確になっていることからもたらされます。彼らは明確で、内容をよく理解し、目標を達成するために考え、行動します。このような組織のメンバーは自分自身の自我、アイデンティティーとは相容れないことをする必要がなく、組織に合っていると感じることができます。同時に、仕事のやる気は高く、組織が目標を達成することを助けるために、ベストを尽くしたいと思っています。

■人間性促進文化の意味と特徴

人間性促進文化では、みんなが参加する従業員重視型の管理スタイルが見られます。メンバーは互いに支え合い、助け合うことが期待されていて、人の助言や考えに興味を持っています。

《人間性促進文化を持っている組織のメンバーに特徴的な行動》

- 人を助けることに関心を払う
- 決定を下すときに、その決定に影響を受ける人を巻き込む
- 対立を建設的に解決する
- 人が成長し、能力が高くなっていくことを助ける
- 聞き上手である
- 人に対して肯定的な報奨を与える
- 人と時間を過ごす
- 人を勇気づける
- 人が自分自身のことを考えるのを助ける

《人間性促進文化に至る要因》

この文化では、人に対して高い価値を置いています。このような組織の基本的な考え方は、持続的な成長、能力向上、そしてメンバーの個人的幸福が単に関係者にとって利益になるだけでなく、組織全体にとって利益になるというものです。この文化を持つ組織では活発に人

を訓練し、能力の開発を行っています。それは、公式的にも非公式的にも行われていることです。メンバー個人の生涯の計画、安全と健康、心理的な幸福が組織にとって重要な関心事です。

さらに、経験を積んだメンバーは、新しく来た人をコーチし、彼らの能力を開発することが期待されています。そして、それをすることで、こまめに報奨が与えられます。みんなが参加する形で意思決定が行われることで、メンバーは組織についてもっと知る機会と組織の運営の仕方に影響を及ぼす機会を与えられます。

もっと一般的には、**組織の意思決定は部下の影響力と上司の影響力の両方を最大化するように行われます**。マネジャーやスーパーバイザーは、このようなリーダーシップを通じて、人間性を促進する行動を期待していることをメンバーに伝えています。彼らは部下に指針や支援を与え、彼らの考えや意見を引き出し、部下が尊重し、満足を感じる役割を与えることで、部下がベストを尽くすように促すのです。また彼らは積極的にチームワークを推進し、仕事をするグループの中で活発に意見を交換させます。

人に価値を置く組織は自由裁量、豊かさ、そして人間の能力を尊重して仕事を決めます。このような組織では、仕事は自由裁量の幅がかなり広く、人々はいろいろな技術や能力を駆使して仕事をすることが許されます。仕事は大事なことだとみなされており（すなわち、人に対してインパクトを持つことだとみなされており）、さらに人間性の充実を促進するような行動が期待されています。仕事のパフォーマンスは、公平で客観的な方法で評価されます。**業績が不充分な場合には、罰するのではなく、問題が正されるように試みられます。**よい仕事は認められ、報奨が与えられるのです。

《人間性促進文化を持つ組織はどうなるか》

この文化を持つ組織のメンバーは、高い水準の満足度を示し、自分はこの仕事に合っていると感じています。そして、組織にい続けようと思っています。彼らは組織に満足し、組織で期待されている行動のあり方に満足しています。メンバーは高い水準のやる気を持っており、組織を成功させるために、普通に考えられる以上の行動を喜んで取ろうとします。メンバーが問題解決のやり方を変えること、あるいは技術、知識、そしてより大きなシステムを理解する能力を安定的に向上させていくことに参加することで、組織は利益を受けます。

このような組織ではサービス重視で、顧客との積極的な関係に高い重点を置いています。メンバーは、製品やサービスに対してプライドを持っており、品質が高いと考えています。

最後に、これらの二つの文化を持つ組織のマネジャーは、部下から非常に仕事ができる人だと考えられています。

■成功へ導く企業文化の築き方

いかがでしょうか。**建設性の側面にある二つの文化は、実に暖かくて明るい文化**です。こういう企業文化が企業内に花開けば、組織は成功への道を歩むことができます。こういう文化と異なる組織に勤める人にとっては信じられないような内容かもしれません。しかし、実際にこういう企業文化を持つ組織は珍しくなく、ただ、あまり目立つこともありません。しかし、しっかりと成長し、そして好不況の波を乗り越えて長く続く企業となっていることが多いのです。

では、どのようにすれば、こういう企業文化を創れるのでしょうか。それは、先述の二つの文化の解説に出てくる、これらの文化を創る要因に注目して、それらを具体的に実施していくことです。すなわち、まず**第一にリーダー、特にトップリーダー自身がこのような文化を導入したいと強く願い、それを社員に明確に伝えることが必要**です。そして、**仕事の割り振りや意思決定を民主的にし、かつ無理なマネジメントはせずに、少し時間をかけながらも**

長期的な視点で経営していくことが大切です。教育はコストではなく、投資だと自覚し、仕事は部下によく任せ、部下が自ら考えて行動し、成功するのをみんなで助け合うことが必要です。

こうした、いわば地味な実績を積み上げてこそ、こういう素晴らしい企業文化を手にすることができるのです。

5 ワーク・ライフ・ハピネスの大切さ

要するに、**個人の成長と企業の成長、個人の幸せと企業の幸せ、そして顧客の幸せと世の中の幸せのベクトルを全部合わせていったときに、いわば最高の業績と最高の企業文化と、ワーク・ライフ・ハピネスが得られる**のです。しかも、**ワーク・ライフ・ハピネスとは、常に向上し続ける過程で、次第にみなが実感していくものであり、自分たちでつくり出していくもの**です。これからの時代、本心から仕事が楽しい、会社が楽しい、自分も幸せだといえるような働き方、企業を創ることが大切です。それは今や、単に倫理的にそういう企業が望ましいという以上のものがあって、そうしたワーク・ライフ・ハピネスがもたらす企業の力が、この大恐慌を乗り越えて未来の会社を創り出す非常に重要なポイントなのです。楽しくないと成功しません。今や世界の企業はそういう現実に直面しているのです。

これからの**成功には、企業の規模や業種は直接的にほとんど関係ありません。まず、よき企業文化を持っていることが何よりも大切**です。そのよき企業文化を一言で表現して、ワーク・ライフ・ハピネスの追及といっても過言ではないでしょう。そして、よき企業文化が広がれば自然に人も組織も顧客志向が強くなり、デミング博士の成功の法則は知らず知らずのうちに達成されて、実際に誰でも成功を手にすることができるのです。本来のよき人間らしい考え方と行動を企業で実現すれば、素直によき成功を得ることができます。今や世界には、実によい時代が来ているのです。

第2章

ワーク・ライフ・ハピネスの真の姿

1 ワーク・ライフ・ハピネスとは何か

■バランスよりもハピネスがいい

ワーク・ライフ・ハピネスの基本的な考え方については、前書『実践ワーク・ライク・ハピネス』で解説しています。ぜひ一度、そちらのほうをお読みいただきたいと思います。特に第二章にはその考え方を、第三章ではケーススタディーとして五社の例を紹介しています。ご一読いただければ、〝なるほど〟と思っていただけるはずです。ただ、本書を先に読みたいと思われている読者のために、ここでも簡単に触れておきます。あわせて、ワーク・ライフ・ハピネスの特徴的な性格についても説明を加えています。

簡単にいうと、**ワーク・ライフ・ハピネスは、〝元気〟を実現している企業が持っている環境であるといえます。**円高や円安に振り回され、また、親会社の盛衰の波をそのまま被り、一喜一憂せざるを得ない中小企業が多い中、よく見渡すと、厳しい社会状況や経済変動をものともせず、明るく活発に活動している中小企業があります。一見したところでは、なぜ元気なのか、その理由はわかりにくいのですが、たしかに不景気さが見当たらないのです。第一章でも述べましたが、周囲をよく見渡すと、こうした会社はけっこうあります。不景気を口にすると、どうしてもマイナスな面に目が行きがちになり、中小企業全体が不景気状態にあるように思われがちですが、なかにはこうした元気な会社もあるのです。

どうして、そんなに元気なのか⁉

理由を知りたいところです。私たちもその理由が知りたくて、取材をさせていただきました。経営者や従業員に話を聞き、その元気の秘密に近づく中で、他の中小企業の経営者や従業員にもお伝えしたいと考え、その内容を前書で著したのです。つまり、元気の秘密を探り出すうちに行き着いたのが、ワーク・ライフ・ハピネスという環境に対する考え方でした。

すでに企業を元気にする取り組みとしては、ワーク・ライフ・バランスという考え方があります。そのワーク・ライフ・バランスに代えて今、私たちはワーク・ライフ・ハピネスを、元気を失っている中小企業の皆さんに強く提唱しているところです。なぜ、「ワーク・ライフ・バランスに代えて」なのか。それは、ワーク・ライフ・バランスの考え方が中小企業の経営者に受け入れられず、浸透していかないからです。なぜ浸透していかないか、その理由を簡単に指摘しておきましょう。

制度面が強調されるワーク・ライフ・バランスを導入しようとすると費用がかかる。人手も増やさなければならない。そういった負担が中小企業の経営者に敬遠されたのです。それでなくても、経済的に厳しい状況にある会社が、制度導入によってさらに厳しさを増す予測が出てくれば、どんな経営者でも二の足を踏むのは当たり前。だからといって、会社の仕事環境や従業員の生活向上を願わない経営者はいません。

そうした経営者が前向きに取り組むことができる手段として、私たちはワーク・ライフ・ハピネスを提案しているのです。

■多様性が生きるワーク・ライフ・ハピネスの発想

みなさんもちょっと周囲を見渡してみてください。特別に目新しい制度を導入していなくても元気な会社がありませんか。経営者も従業員も、みんな明るく仕事を楽しみ、生活も充実している。そんな企業の存在に気づくはずです。

そこには、ワーク・ライフ・バランスとはまた違った意味合いの好ましい職場環境があったのです。制度として形ある場合もありましたが、必ずしも制度という形にはこだわらない取り組みや関係性——それらが、従業員の笑顔を生み出し、モチベーションの高さを支えていました。

制度に拠らないワーク・ライフ・ハピネスでは、元気を実現している要因は千差万別。職場環境に応じて、その性格も程度も異なります。そして、制度という形あるものに依拠していないことから、その姿は曖昧で、わかりにくく、その実態をつかむことがなかなかできません。一義的な性質が見いだせるわけではなく、さまざまな要因が絡むことによって複合的に織り上げられたハピネスは、企業それぞれの姿を示していると想像できます。そこには、これまで見落としてきた多くの多様性、つまり「ダイバーシティ」が潜んでいるはずです。本書では、この多様性にも焦点を当て、ワーク・ライフ・ハピネスの存在を明らかにしていきたいと考えています。

2 活性化した職場に潜むワーク・ライフ・ハピネス

■見えたり見えなかったりするワーク・ライフ・ハピネス

ワーク・ライフ・ハピネスの持つ多様性となると、一言ではなかなか説明できないことは理解していただけたものと思います。説明できないものを説明するとなると、これは至難の業です。私たちが頼りにしたのは、元気のある会社の元気そのものは、その会社で働く人たちの表情に現れるということです。というのは、たとえ売上が好調であっても、それが必ずしもワーク・ライフ・ハピネスから来ているものではないこともあります。逆に、今は売上が低調でも伸びる要素がたくさんあって、ワーク・ライフ・ハピネスが存在するという職場もありますから、厄介です。

一言でいうと、**ワーク・ライフ・ハピネスは見えたり、見えなかったりする**ということになります。このように、つかみどころのないワーク・ライフ・ハピネスですが、元気さはさまざまな形で推し量ることができます。

では、どのようにすれば、ワーク・ライフ・ハピネスの本来の姿を見ることができるのか、少し試みてみたいと思います。

同じような制度を導入した二つの企業の比較。導入したのは同じ制度ですから、どちらの企業も同様なハピネス効果を期待します。実際はどうでしょうか。二社とも同じようなハピネスが得られているかどうかです。

多くの場合、同じような効果が得られることは稀です。それは、導入する制度は同じでも、導入する環境が会社ごとに異なるからです。野菜栽培などと同じです。職場環境を野菜の種を蒔く畑の土壌に置き換えてみてください。土質は前と同じですか。今回種を蒔く野菜の前にはどんな野菜を育てていましたか。畑のある地域についてはどうでしょうか。寒暖に違いはありませんか。職場にも、畑と同じような会社ごとの違いがあるはずです。もちろん似通ったところもあるでしょう。しかし、会社には会社の歴史があり、そこで働く人たちの個性も違います。やはり、同じ制度を導入しても、その効果に違いが出るのは致し方ありません。

制度を導入した二つの会社を仮にA社、B社としましょう。A社ではハピネスが得られているのに、同じように導入したB社では得られない。効果が得られなかった理由は何でしょうか。それは環境がさまざまな点で異なるので、理由もさまざま存在するはずです。導入した制度が職場が持つ環境の何かに適応しなかったのかもしれません。もう少し踏み込むと、環境には適応していたのに、運用面に問題があった可能性もあります。その制度の内容の理解が乏しかった。このような新たな原因があれば、導入前の環境が同じであっても、得られる効果は期待外れになります。

ここで「制度」周辺の話をしたのは、ワーク・ライフ・ハピネスの姿をつかむためです。実体がつかめないものを実体をつかめないまま話を進めても、やはり、ハピネスの姿をお伝えすることができないと思うからです。そこに、制度という形あるものを置けば、その周辺の変化（効果のあるなしや程度）によって、ワーク・ライフ・ハピネスの姿がおぼろげながらでもつかめるはずです。

■ワーク・ライフ・ハピネスは職場環境に対する「気づき」から

さて、話を続けましょう。

現われたり、消えたりするハピネスでは、「ワーク・ライフ・ハピネスを導入しよう」と考えても、どのようにすればいいのか、とっかかりがありません。しかし、その核心はこれまでの取材からわかりました。また、これまでの説明の中にもヒントがあります。

それは「気づき」です。畑の状態の違いから育つ作物の様子が違ってくるように、職場環境の違いで現れるハピネスにも違いがあることはおわかりいただけたと思います。つまり、畑に不足しているものは何かと考えるように、**職場にある課題は何かということに気づいているかどうか**です。職場の状態をよく理解しないで制度を導入しても、それは賭けと同じです。当たるも八卦、当たらぬも八卦では、ワーク・ライフ・ハピネスを確実に手に入れることはできません。ワーク・ライフ・ハピネスが「〝元気〟」を実現している企業が持っている環境である」としたら、**制度の導入で元気にできるかどうかも、職場の環境次第といえる**のです。ワーク・ライフ・ハピネスの姿が捉えがたいという理由も、ここにあります。

繰り返しますが、**職場の状態を理解するための「気づき」が、ワーク・ライフ・ハピネス実現の入口**なのです。姿が見えにくいからといって諦めず、ぜひ、職場における「気づき」に力を入れてください。それは、経営者だけでなく全社的な取り組みとして行うことが大切です。「全社的な取り組み」を言葉で書くだけなら簡単ですが、立場の違いもあり、全社的な取り組みには難しい面が潜んでいます。手をこまぬいていると、ワーク・ライフ・ハピネスを手に入れることはできなくなります。それではもったいない。**姿が見えないだけで、ハピネスはあなたやあなたの会社のすぐそばまで来ているのかもしれません**。

3　バランスではハピネスは得られない

■バランスがもたらす弊害

バランスを整えただけではハピネスは得られない。これは、これまで何度も繰り返してきた表現ですが、実は、得られないだけではなく、職場環境に害をもたらす危険性もバランスにはあります。この点は要注意です。

たしかに、一日は二四時間と決まっていて、その中に睡眠時間や食事の時間、さらに休息の時間と自由時間、そして働く時間などを割り振る必要はあります。二四時間のすべてを働く時間にすることもできないし、すべてを遊びに当てることもできません。こうした意味では、限られた時間をバランスよく割り振る必要はあります。しかし、この「バランスよく」というのは一つに決まったものではありません。業種や職種によって違ってくるし、働く人の指向や会社それぞれの持つ業態によっても違ってきます。つまり、バランスのよさを効果的に実現するためには、前項で挙げたような、いろいろな環境要素をよく吟味しないと適正さは導かれないはずです。

もし、**十分な準備なくバランスをはかるための制度導入を行うとどうなるでしょうか。おそらく、現場にそぐわない、浮いた制度となってしまうはずです。バランスどころかアンバランスを生じ、職場のいたるところに亀裂が出てくる可能性もあります。経営者や従業員間の亀裂はストレスを生み出す原因にもなります。**

こうなると、もうおわかりですね。職場の機能が損なわれ、企業としての生産性にも支障を来します。

■意識の高さが「気づき」につながり、ハピネスを生む

これに対して、ワーク・ライフ・ハピネスは実施の入口のところに「気づき」があります。職場が抱える課題を見つけ、その解決を目指すところから取り組んでいます。

この気づきは、日々の仕事に追われていると、なかなか行われません。中小企業では取引先の都合で予定が変更になったりして、その対応に追われることもしばしば起こります。いくらきちんと仕事をしていたとしても、業務上のトラブルが全く起きないというわけではありません。予定していなかったトラブル発生で、その解決に集中しなければならないこともあるわけです。

実は、こうした**業務上の課題やトラブル対応の中にワーク・ライフ・ハピネスを手に入れるための〝種〟が潜んでいます**。例えば、あなたはもっと業務がスムーズに流れるようにしたくないですか。業務がスムーズに流れれば、会社内での時間の余裕を生みます。残業を少なくして、自分や家族の生活にかける時間を増やすことができます。また、生産にかかわるトラブルでは、余分なコストをかけることになります。これを防げれば、会社の業績アップ

につながるのではないでしょうか。

目の前の難問に追われていると、こうしたところまで考えることができなくなり、「気づき」に至りません。**「気づき」を起こすためには、少し意識を高く持つことが大切**です。今、目の前にある課題を素材にして、問題の根本解決を目指す気持ちになれば、「気づき」が起こります。これは、経営においても起きますし、従業員の置かれた職場環境でも起こります。そして、意識を高く持つということは、会社やその会社で働く従業員のさまざまな面におけるレベルアップにもつながります。

4 ハピネスは人材を生み、育てる

■気持ちの高まりはモチベーションの萌芽

「気づき」に目を向けると、経営者にとっても従業員にとっても、さらに会社にとっても有益なことがたくさんあります。それは一度にもたらされるものもあれば、順次、現われてくるものもあります。

経営者や従業員の立場で見れば、**「気づき」は個人的な成長に結びつきます。**

というのは、それまでは〝こなす〟ことが仕事の中心だったものが、仕事そのものの意味を考えるようになります。仕事の意味を考えるということは、仕事を深く知ることにつながります。

これは単なる連想ゲームのような話ではなく、本来的な考え方に基づく話です。おそらく、初めて仕事に就いたときには、任された仕事の意味を考え、覚え、そして実行していったはずです。しかし、いつしか自分の仕事に慣れ、経験を積み、考えなくてもできるようになると、その初心を忘れがちになります。すると、任された大事な仕事も〝こなす〟作業になっていくことになります。

ハピネスが失われた職場には、こうした〝こなす〟作業があふれています。それにともなって、モチベーションの低下も現われてきます。

しかし、**「気づき」に重要性を見つけると、目の前の仕事の見直しが始まり、初心に戻り、意味の再発見が起きます。**この一連の変化は気持ちの高まりを呼び込み、さらなる高みへ上るためのモチベーションの再構築を促してくれるのです。

■たくさんの小さな芽から、大きな木が育つ

先ほど「気づき」は誰か一人が行うのではなく、全社的な取り組みが重要ということを述べました。**経営者を筆頭に幹部社員、そして従業員それぞれが、それぞれの立場で自らの仕事の見直しをすれば、どうなるでしょうか。きっと、さまざまな課題が見つかるはず**です。また、たくさんの課題が見つかると同時に、複数の人が同じ課題に出会うという重複する課題も出てきます。多くの仲間が、これは重要だという課題がこれで見つかります。つまり、**全社的に「気づき」に取り組めば、自然と課題解決の優先順位も見つかる**ということです。

「この問題は、この解決法でいいのか」と一人で悩んでいるより、よほど効率的な作戦を立てることができるわけです。一人ひとりが見つけた小さな芽が太い茎を形づくり、そして大きな木になる仕組みにもなるわけです。

仕組みにまで到達するには当然、誰がどのようにそうした課題を整理し、まとめ上げ、具体的に取り組むための段取りまで持っていくかという新たな課題もあります。それも、全社員が納得できるように進めるための人材配置と手法が必要になりますが、その点については第三章を読んでいただければ、いくつかヒントをつかむことができると思います。

5 企業の成長を支えるハピネス

■意識もスキルも育てるハピネス

「気づき」から始まるワーク・ライフ・ハピネスですが、課題に気づけば、即ハピネスが訪れるわけではありません。しかし、この一歩がなければ、ハピネスが訪れることはないでしょう。それほど「気づき」はハピネス獲得にとって重要といえます。

では、気づきによって、最初にもたらされるのは何でしょうか。

先ほどからお伝えしているのは、〝高い意識〟ということです。順番として、高い意識が先か、気づきが先かということがありますが、おそらく両者は同時に獲得できるものです。最初に気づきについて指摘を受けた場合は、気づきが先で、気づきを重ねることで意識も高まっていくことになるでしょう。逆に、「高い意識を持て」と指摘を受けた場合は、高い意識を持つところから気づきが導かれるのではないでしょうか。

いずれにしても、**ワーク・ライフ・ハピネス獲得に向かって印された第一歩からは、意識**

の高まりが導かれることになります。これは、個人的には内面の成長であるし、会社的には多様性の覚醒ともとれます。

今の自分より高い目標に向かって成長しようとするのは、人間本来の性質ともいいます。ところが、ハピネスを失った中小企業がたくさんあるという現実。これは、毎日こなさなければならない大量の作業に圧されて、本来的な人間活動が抑えられしまった結果ともいえます。このことから考えれば、**ワーク・ライフ・ハピネス獲得の作業は、本来的な人間活動を取り戻す作業**ともいえます。これは簡単にいえば、向上心です。つまり、見失っていた向上心の獲得――そうなれば、経営者も従業員も、それぞれが必要としているスキルの向上を果たします。その結果、全社的に、「いわれたからやる」「マニュアルに書いてあるからやる」「制度・決まりだからやる」というステージから、「どうすれば顧客は喜んでくれるか」「どうしたら、もっと効率よくできるか」などという高位のステージに進み、まさに〝考働〟する集団へと成長するのです。

■育った木に実る大きな利益

経営者と働く従業員がハピネスを得るとどうなるか。

やはり、会社という組織の役割を忘れてはいけません。そもそも会社は利益を生む場所です。そうでなければ、会社の運営はできなくなってしまいます。会社の運営ができないということは、いくら楽しくても従業員はその場所を離れなくてはならないわけです。「私がここで働くのはお金のためじゃない」といっても、生活を維持する最低限の給与は必要です。ここでは、生み出される利益の多寡を問題にしているのではなく、その会社に集った人たちが、その楽しさを継続するために必要な会社としての利益です。

これまでの会社経営においては利益偏重で物事を考え、行動することが多くあったのではないでしょうか。今年は去年より多くの利益を生むようにがむしゃらに働き、来年はさらに大きな利益のために働く、という具合に常に右肩上がりを目指してきたわけです。

右肩上がりの利益向上は望むところですが、それだけを目指していると、ハピネスがおろそかになってしまいます。**利益向上は、ハピネスを得た結果ついてくるのが理想**です。

ワーク・ライク・ハピネスは楽しく働く職場環境のことですが、先にも述べたように、そこにはさまざまな人たちが集い、さまざまな考えにあふれています。楽しさは脳内活動を盛んにしますから、生まれてくる考えもがんじがらめの不自由さの中から生まれてくるタイプとは違います。つまり、一段上のアイデアが生まれてくることになります。中には突飛なものもあるでしょう。しかし、そうした突飛なアイデアが閉塞感に対する突破口を生み出すこともあります。**会社としての閉塞感が開放されれば、組織としての利益活動にも好影響があるはず**です。

実際、元気のいい会社では、次第に会社の業績も向上していく傾向にあります。

6 オープン・ハピネスとオーバー・ハピネス

■横型リーダーシップ思考でできないものはない

これまでの中小企業の多くは、自社の技術や既存の販路に頼りがちで、そのせいで世の中の経済状況の影響をよくも悪くも受けがちでした。例えば、多くの中小製造業者においては、親会社の必要とする部品づくりが主で、景気のよいときは、それでも安定が得られていました。しかし、親会社が価格競争に巻き込まれれば、コストの切り詰めはそのまま下請けの中小企業にかぶさってきます。親会社の都合で部品生産を海外に移したり、用いる部品を廉価な海外製にすると方針を変えたりすれば、下請け業者はそこで生産も売上も中断してしまうことになります。販売においては、価格設定は親会社で行われ、下請け業者が利幅を勝手に設定することはできません。親会社の製品が廉価販売の方針を出せば、その価格ダウンのあおりはそのまま下請け業者が受けます。大量販売が見込めなくなれば、状況はさらに悲惨になります。コストを割り込む事態も起こったりし、持ち出しになることもあります。

このような関係性を色濃く残したままでは、永続的なワーク・ライフ・ハピネスの実現は難しくなります。だからといって、親会社と縁を切ろうといっているわけではありません。その関係はそのままとはいいませんが、継続する努力は必要かもしれません。しかし、その関係とは別の関係を、製造業にしても販売業にしても、あらたに構築する視点は必要です。

つまり、**それまでとは異なる会社との関係構築を模索する必要があり、ワーク・ライフ・ハピネスは、その先に見えてくるはずです（オープン・ハピネス）**。ひとつの手段は、製造業者なら製造だけに限らない展開を模索することが考えられます。今、インターネットの活用はさまざまな分野で行われています。ｅコマースも盛んです。限られた人手での展開も可能です。また、販売業であるならば、ショップブランドを立ち上げることが考えられます。他社との差別化がはかられ、新たな顧客開発に結びつくことが期待できるのではないでしょうか。

こうした新たな展開を模索するにあたっては、社内だけで考えていては限界もあります。他社との連携を視野に入れて、よりプロフェッショナルな展開に結びつけることが必要です。製造業でも内容は多岐にわたります。他社にも声をかけて、一社では賄えない製品群を並べてeコマースでアピールすることも考えられます。また、販売会社が自社ブランドを立ち上げるには、デザインやプロモーションを考える必要が出てきます。当然、これまでとは異なる費用がかかります。出費を抑えたい気持ちもわかりますが、よりよいものを開発するためには最低限の支出は必要です。そこで、費用を抑える努力をします。そのためには、協力する会社間でお互いのメリットをすり合わせて費用の最適化を模索することです。

いずれにしても、**自社内だけでなく社外に向けた視点を持ち、横の連携が重要**ということは理解いただけたと思います。こうした展開を有意に導くための方策に、横型リーダーシップという考え方があります。自社にないノウハウを提供している会社があったとしても、単に寄り合い所帯をつくるのではなく、互いのメリットをよくすり合わせて、製品やサービスの質を高め、かつコストは抑える算段をリードするという発想です。

それは、ハピネス精神とは対極にある「自分だけよければ」とか、「自社だけ儲かれば」というむき出しの我欲精神であっては成立しないことなのです。

■ハピネスの〝芽〟が見えれば人材は集まる

横型リーダーシップを発揮するためには、ただ、他社の製品やサービスを求めるというスタンスでは失敗します。大手企業ならアイデアを元にお金を出し、新製品や新サービスを生み出し、市場展開することも可能でしょう。しかし、中小企業では限界があります。その限界を打ち破るのが自社のハピネス度の向上です。

これまで、元気な会社の元気の素はなかなかわかりにくいと繰り返しお伝えしてきました。しかし、その素はわからなくても、元気さは推し量ることができます。取り引きをしたり、協力関係を結ぼうとする場合のことを考えてみてください。元気のある会社と元気のない会社のどちらを選びますか。多くの場合、元気のある会社をパートナーにしたいと考えるのではないでしょうか。

元気が見えるということは、その会社にはハピネスがあるということです。つまり、ハピネスのある会社は周囲から多くの視線を集める存在になるのです。会社同士なら取り引きしたい、職を求める人たちならば、その会社に入りたいと願う気持ちを抱きます。

このように、**ハピネスを実現している企業にはそれだけで、あえて求めなくても人材が集**

まる可能性が生まれているのです（オーバー・ハピネス）。

7 ハピネスは利益を生み、増やす

■ハピネスは生産性アップにつながる

私たちはこれまで、ワーク・ライフ・ハピネスは働く人が楽しく働く場であり、環境であることを強調してきました。しかし、それだけではない面も存在します。というのは、**結果として利益を生む場所**でもあるのです。

働く場において楽しさが存在するということは、楽しく働くことができることを意味します。職場では得てして、その日の繁多な業務をこなすだけという状況に陥りやすいものですが、楽しい職場ではそうはなりません。楽しさはストレスを軽減してくれます。ストレスが少ないと、脳内血流は盛んになります。興奮した状態でも脳内血流だけは盛んになりますが、酸素消費はあまり高まりません。平静状態では酸素消費も向上します。つまり、脳の働きが活性化するということです。

もうおわかりだと思います。**脳が活性化するということは思考力や集中力にもよい効果を及ぼします。そうなれば、職場で生じるさまざまな課題に対しても効率的な対応が可能になります。つまり、生産性がアップする**ということです。

■小さな多様性もベクトルを重ねて大きな力に

連想ゲームのような話をしていますが、これは単なる連想ゲームではなく、自然とそうなるということです。おそらく、一日一日を見ていたのではあまりよくわからないかもしれませんが、期間を区切って見比べてみれば、業績や売上の向上に結びついているはずです。

つまり、**ワーク・ライフ・ハピネスの存在する会社では、利益を強く求めなくても、自然と利益の向上につながっている**ということです。入口のところで「職場の効率化、利益向上」などと謳うと、それは大きなストレスを生み、業績の低下を招く可能性がありますが、逆に、従業員の働きやすさを目指してワーク・ライフ・ハピネスに焦点を当てて職場改革を行うと、業績は自然とアップするのです。極端にいえば、今は楽しいだけという会社もあるかもしれません。しかし、**ストレスの生じない職場からはさまざまなアイデアが生まれます**。そうしたアイデアの中からきっと業績に結びつくものが生まれてくるはずです。**利益の追求ばかり**

にとらわれず、気長にワーク・ライフ・ハピネスに取り組むことが大切です。

そうすれば、仕事を通じて「顧客や社会が幸せになる」ことを自然に願い、それを実現しようと自ら考え、行動するようになります。結果、普通の人々が単に強要されるだけ、頑張るだけでは到底なしえないような成果がもたらされるでしょう。

8 ハピネスを支える経営者の豊かな個性

■ハピネスの種は経営者が蒔く

これはどのような組織でも同じことですが、リーダー、つまり経営者がしっかりリードしないと、中小企業におけるワーク・ライフ・ハピネスを導くことはできません。しかも、**経営者にはできるだけ強烈な個性を発揮してもらいたい**と思います。

というのは、ワーク・ライフ・ハピネスは一つとは限らないからです。一つに限らないということは、何かしようとしたときに、さまざまな考えやアイデアが出てくるということです。**たくさん出てくるアイデアから一つを選ぶ、もしくは複数のアイデアを選んで実施しよ**

うとするときは、できるだけ素早い判断が必要になります。あれこれ迷っていたのでは、実現できるワーク・ライフ・ハピネスも中途半端になってしまうでしょう。とにかく**「よいと思える」ことは、経営者の強力なリーダーシップですぐ実施すべき**です。

■経営者の〝気づき〟が多様性を生み出す

これまで幾度も「気づき」の重要性を伝えてきました。ここでは、なかでもとくに重要な気づきについてお話しします。

それは経営者の気づきです。

経営者が社内外の課題に気づいていなければ、どんなに優秀な従業員がいても、ワーク・ライフ・ハピネスには結びつきません。

ある店舗演出のコンサルタントの話をします。この方は、店舗演出の依頼を受けると、販売員向けの講習会には必ず経営者の出席を求めるといいます。理由は、トップが理解していなければ、いくら販売員教育で店舗の状態をよくしても長続きしないというのです。例えば、店舗床の美化を奨励したとしても、経営者自らが汚していたのでは、指導を受けた販売員でも美化する目的を失ってしまいます。

このように、**いずれの組織でもリーダーの課題に対する気づきは重要**です。この気づきをもたらすのは、常に課題を探すためのアンテナの存在です。アンテナといっても、テレビアンテナのように新たに設置する必要はありません。**アンテナはすでに、経営者の周囲にたくさん存在します**。社内にあっては、幹部社員がそうであり、従業員もその役割を果たします。社外にあっては、同業社であり、さらにその外側に存在するあらゆる人たちも、経営者に課題や情報をもたらしてくれます。当然、経営においては他の情報源も頼りにしますが、**重要なのは、このように〝人〟です。それも人それぞれの個性を理解した上でアンテナの役割を果たしてもらいます**。ありがちなのが十把一絡げで対象を捉えてしまう誤りです。こうした大雑把な視点では、課題が埋もれてしまいます。**周囲の人たちの個性に目を向けていれば、得られる情報の多様性に気づく**はずです。その多様性から、ワーク・ライフ・ハピネスにつながるヒントが生まれてきます。

9 誰にでも実現可能なハピネス

これまで再三、ワーク・ライフ・バランスは制度的であるのに対し、ワーク・ライフ・ハピネスは制度にとらわれないと伝えてきました。しかし、制度がワーク・ライフ・ハピネス獲得の邪魔をするというわけではありません。ここでは改めて、制度だけではワーク・ライフ・ハピネスを獲得できないということを強調しておきたいと思います。

つまり、女性が活躍できるあらたな人事制度を導入したとします。男女の区別なく昇進の道が開けるような内容で、これだけを見れば、ワーク・ライフ・バランスにつながる制度の導入になります。

さて、これで、わが職場は万々歳だということになるでしょうか。

ワーク・ライフ・バランスにはハピネスという言葉が使われていませんが、目指すところはワーク・ライフ・ハピネスと同じです。働く人たちの幸せを目指しています。ですが、おそらく、こうした制度だけ取り入れても社員のハピネスは得られないでしょう。

問題は制度の導入の仕方にあります。

これまでお伝えしてきたように、ワーク・ライフ・ハピネスには、「これ」という形がありません。それぞれの会社や職場によって異なります。何が違いを生むのか——それは、その会社の歴史であったり、業種や職種の違いであったり、働く人の男女比であったりします。

例えば、同じ男女比の職場であっても同じワーク・ライフ・ハピネスが得られるとも限りません。もっと個人個人が持つ個性が影響します。

こうした違いを踏まえた制度の導入なら、ハピネス獲得も可能になります。「違いを踏まえる」というところにハピネスの素があるからです。

ですから、仮に**制度的な決め事がなかったとしても、職場に存在するさまざまな要素や課題の存在に気づけば得られるという点で、ワーク・ライフ・ハピネスはワーク・ライフ・バランスを超えているといえる**のです。

そして、**ワーク・ライフ・ハピネスに「これ」という形がないということは、誰にでも、どの組織でも、費用や人手をかけずに実現が可能だということ**でもあります。ただし、この「誰でも」「どこでも」という一見簡単そうなことほど、実は、一番難しいともいえます。

この点については、次章で紹介する五社の例で、どのように「誰でも」「どこでも」を実現しているかを紹介します。それぞれ業種、業態、地域、規模などはさまざまですが、そこから自社のハピネスへのヒントをつかんでいただけると確信しています。

第3章

[実録]ハピネスストーリー

ケーススタディー01

有限会社 トッツ

厳しい介護労働の世界でもワーク・ライフ・ハピネスは成立する

介護職員のハピネスが高齢者のハピネスを促し、地域社会のハピネスに広がる！

プロフィール

所在地：広島県尾道市
代表者：狩野牧人
資本金：300万円
事業内容：居宅介護支援、訪問介護サービス、デイサービス、認知症デイサービス、福祉用具貸与・販売、小規模多機能ホーム、認知症グループホーム
HP等：https://www.facebook.com/tots.onomichi
http://www.tots.jp/

■介護の「質」で日本一を目指し尾道で創業

介護事業を手がける有限会社トッツは平成一〇年（一九九八年）一〇月、山陽地方のほぼ中央、広島県尾道市で産声を上げました。

創業者の狩野牧人さんはもともと同地で幼稚園を経営する一家に生まれ、大学卒業後は帰郷して小学校の教員となりました。しかし、父親が倒れたことから教員を辞め、幼稚園の経

営を引き継ぐことになったのです。経営者としてのスタートは介護事業とは関係ありませんでしたが、後に介護事業に新風を吹き込むことになる狩野社長の経営者としての才は、すでに幼稚園経営においてもいかんなく発揮されていました。

副園長となった狩野さんは園舎をスマートな外見に改装し、制服も都会風のオシャレなものにするなどセレブ感を打ち出し、英語教室や水泳教室も始めたのです。

その結果、入園希望者が殺到。順番待ちが出るほどの大人気の幼稚園となりました。

幼稚園経営で成功を収めた狩野さんは、やがて地元尾道の青年会議所（ＪＣ）での活動に参加。平成一四年（二〇〇二年）にはＪＣの理事長に就きます。高齢者福祉との関係が生まれたのはその頃のことでした。

当時、狩野さんたちＪＣの有志は徳島の阿波踊りで行われていた、老人たちを招いて一緒に踊って元気づける「ねたきりにならら連」に注目。それにならい、地域活動の一環として、尾道でも実施しようと考えたのです。

ボランティアの手を借りて、地元の祭り「尾道みなと祭」の商店街パレードに車椅子のお年寄りと一緒に踊って街を練り歩く「尾道ねたきりにならら連」を結成し、参加したのです。この試みは大好評で、今では恒例行事として定着しています。

こうした取り組みの過程で、狩野さんはボランティア仲間から高齢者介護の厳しさを聞かされます。職員がいくら希望に燃えていても、その情熱はいつか消されてしまう現実があるというのです。その厳しさに負けず、介護にかける彼らの熱い情熱が狩野さんの胸を打ちました。

ある晩、ボランティアたちは、狩野さんに思いがけない言葉を投げかけます。

「狩野さん、介護事業を始めてくれんですか！」

「僕ら介護のエキスパートじゃけぇ、絶対成功させますよ」

考えてもいなかったことでしたが、狩野さんは彼らの熱意あふれる言葉に、思わず、「よし、やろう！　介護で日本一になっちゃる!!」と首を縦に振ります。

そうはいっても宴席での話、一夜明ければ消えるだろうとも思っていました。

しかし、ボランティアの人たちは一週間も経たないうちに試算表を手に現れ、改装すればデイサービスの拠点として使える廃工場まで探し出してきたのです。

彼らの迅速な動きに驚いた狩野さんは、これは後には引けないと覚悟を決め、介護事業への参入を決意したのです。

男気あふれる広島男児の血が騒いだのでしょう。**情熱には情熱で応える——そんな狩野さ**

んの経営イズムこそトッツの原点かもしれません。狩野さんと九人のスタッフたちが、荒波逆巻く介護業界に打って出ることになったのです。

■介護業界の常識より、人としての常識

尾道市高須町に第一号店舗の「居宅介護支援事業所ふぁみりぃ」を開設し、その二ヵ月後の一二月からデイサービスをスタートさせました。スローガンに、「ゆったり、のんびり、たのしく。誰もが笑顔でいられる介護を」を掲げ、どの地域に暮らしていても行き届いた介護を届けることができる「介護のコンビニエンスストア」を目指します。

しかし、〝誰もが笑顔〟とはいっても、設立当初のトッツの職員たち自身は、笑顔であふれていたわけではありません。

介護業界は、志が高いだけですぐに成功するような甘い世界ではありません。志が高ければ高いほど、高い壁が立ちはだかるのは世の常であると同様、トッツの事業も順風満帆には立ち上がりませんでした。トッツがワーク・ライフ・ハピネスを獲得するまでには数々のドラマがあったのです。

一店目のデイサービスを始めて二、三ヵ月した頃のこと。介護の世界でプロを自認してい

た職員たちにとって、青天の霹靂《へきれき》とも思える出来事が起こりました。

トッツでデイサービスを受けていた高齢者の一人が入院中に亡くなられたのです。

もちろん、高齢者介護の世界ですから利用者の方が亡くなることはあります。思いがけない出来事が起きたのは、その直後でした。

その日、創業メンバーの一人でリーダー格の橘高裕行さん（在宅ケアサービス事業部部長）をはじめ職員たちは、亡くなられた高齢者のことを頭の片隅に置きつつも、表面的には普通に日常業務を続けていました。

利用者が亡くなられたことがすぐ、狩野社長に報告されたのはもちろんです。話を聞いた狩野社長は直ちに喪服に着替え、お通夜に参列しようとしたのです。その姿を見た橘高さんたちは驚き、止めました。当時の介護業界では、多くの場合、亡くなった人のお見送りはしないという〝常識〟に近い習慣がありました。通夜や葬式には各施設の職長クラスの人が参列したりしなかったりで、一般的には、遺族の繁多が落ち着いたと思われる頃合いを見計らって焼香に伺うようにしていたのです。

しかし、狩野社長は止める職員らに憤りを覚えたといいます。

「『落ち着いた頃に線香を上げに行きますから』っていうから、『ふざけるな！』って。『何やってるんだ！　辛くないのか！　悲しくないのか！　何も感じないのか！　今すぐ行ってこい』と。このときは怒鳴りましたよ」

故人に対して精一杯お世話をしていた。何もやましいところはない。心よりお見送りするのが当たり前じゃないかというわけです。狩野社長から発せられた〝正論〟はその場を圧倒しました。狩野社長の叱責で故人に対するあるべき接し方に気づき、このときは職員全員が狩野社長と共に通夜に参列し、ご遺体に手を合わせたということです。

そのとき、みんなの目からは自然と涙があふれ出ました。

介護のプロを自認していた橘高さんたちにとっても、仕事で故人の通夜に参列するのは初めてのこと。日を改めてお悔やみに遺族宅を訪れることはあっても、事務的な面が強く、涙が出ることなど、これまでなかったのです。

しかし、狩野社長にとって、葬儀への参列は当たり前のことでした。

幼稚園で、預かっている園児に何かあれば園児宅に挨拶に行く。園内で怪我でもすればすぐに誠心誠意謝りに行く。幼稚園では当たり前の、園児や園児宅への対応が、高齢者相手の介護の世界では違うのか――示す誠意に違いがあるはずはありません。

「あんな経験は初めてのことでした」

橘高さんがそうつぶやくと、狩野さんも当時を振り返って、

「私たちのお客様の中には、明日重い病気を発症したり、明後日には亡くなったりするかもしれないという人が実際にいます。〝死〟から目を背けていては、介護の仕事はできません。明日にはもうこの人に会わないかもしれない。だから、今日一日、本気で面倒をみようといいました」と述懐しました。

狩野社長の叱責と行動は、ある意味、介護業界の常識破りでした。職員たちに大きな刺激と常識を打ち破って一つ上のレベルに到達するための〝気づき〟を与えたことは間違いありません。

「この人の死を無駄にしないためにも、明日また頑張る」

橘高さんたちは通夜の席で、そう誓ったそうです。

■狩野イズムを職員に注入し、ベクトルを一つにする

創業以来、最初の数年間は次々に事業所が増え、常に人手が足りない状況が続き、職員を大量に採用していました。もちろん、闇雲に事業所を増やしたわけではなく、入念なリサーチを実施し、その地域で採算が取れるかどうかを十二分に調べてからの開所でした。

そんな中、あるとき辞めていく職員が一気に増えたことがあったのです。

急に現われたその傾向に、現場を取り仕切る橘高さんは大いに悩みました。自分たちは間

ハピネス ✓ ポイント

“慣れ”というのは恐ろしいもので、物事の悪い面に気づかなくなります。こうなると、いくら前向きに仕事に取り組んでいても、あるべき本来の姿には近づけません。慣れが大きな“足かせ”になって、気づかないままでいることがよくあります。本文でも取り上げた“業界の常識”もそうです。

橘高さんたちの“足かせ”となっていた業界の常識は、狩野社長の一言で解消しました。しかし、こうした“常識”は、業界や職場には大小含めて多数存在します。もっと広く、人間の生活を見渡しても、いたるところに見聞きできます。仕事を進める上で慣れや習慣は大切ですが、そうした慣れや習慣の中にいる自分や職場を振り返ることも大切です。そこに改善すべき点が見つかるはずです。見つかったとき、それはワーク・ライフ・ハピネスの始まりです。

トッツの場合、狩野社長の“雷”が落ちた、このときがトッツの介護事業の真のスタートだったのかもしれません。

既成概念の枠を取り払えば“ハピネス”が見える

違ったことをしているのだろうか。大手介護業者ではできない介護のキメ細かさには自信があり、介護の世界を変えるという強い思いには誰もが賛同してくれるもののはず。それなのになぜ、次から次へと何人も辞めていくのだろう——と。

このとき狩野社長は、悩む橘高さんらをこういって元気づけたといいます。

「人手が足りないからといって、全く違う方向を向いている人間と一緒にやっていては、みんな腐るぞ。箱の中のミカンと同じで、一個腐れば全部腐る。腐り出したら止められない。向こうから辞めるっていうんだから、願ったりかなったりだ」

かなり乱暴な言葉ですが、それは狩野社長の心の叫びでもあったのでしょう。せっかく入ってくれた職員が辞めてしまうことには寂しい気持ちもあった

はず。だからといって、トッツの方針を変えてまで引き止める必要はない。創業時に掲げた理想を前に進めないといけないのです。介護を志す人がトッツに馴染まずに辞めていくことがあっても、それを理由に自分たちの**夢や理想を一八〇度変えてしまうようでは本末転倒**です。

ここで〝狩野イズム〟ともいうべきトッツの理念を紹介しましょう。

【企業理念】

人と人との心の絆を大切に、温かく優しく、そして夢の持てる地域・社会づくりに貢献いたします。

この理念を現場の職務に結びつけるために、橘高さんは行動指針ともいえる「運営理念」をつくっています。これが経営理念を実務に結びつけ、単なる掛け声では終わらせない効果を発揮しています。

【運営理念】

一・「共に感じ、共に生きる」を基本とし、高齢者の皆様方が長年にわたり慣れ親しんでき

た地域に於いて、三六五日・二四時間いつでもその暮らしをサポートしていく事により、家族や地域とのつながりや大切な人々との社会的な関係を断ち切ることなく、安心して住み慣れた場所での生活を継続していけるような援助をさせて頂きます。

一・高齢者ご本人様へのサポートだけでなく、ご家族を含めた地域住民の皆様方の安心と安らぎを支援させて頂く事により、居心地の良い地域社会の創造に誠心誠意努めます。

「経営理念は、職員全員がそらんじることができます」と橘高さんは胸を張ります。そんなことは当たり前だと思う方もいるでしょう。しかし、トッツの職員はそれだけでなく、**なぜ理念が生まれるに至ったか、どのようにトッツが生まれたかを一人ひとりが説明できる**というのです。ここに、職員の会社方針に対する理解度の深さが感じられます。

「理念は全事業所で毎朝必ず唱和していますし、新しい職員に対しては、会社の歴史も含めて、理念が意味するところと、なぜこういう理念ができたかということをじっくりと伝えます。そこを共感してもらえないと、共に歩むための一歩が踏み出せませんからね」（橘高さん）

トッツが他社と違うキメ細かいサービスをしているといっても、その分職員の給与が厚遇されているわけではありません。給与だけで選ぶなら、いい介護会社はほかにあります。しかし、介護サービスの〝質〟なら負けないという自負がトッツにはあります。

ほかに負けない高品質の介護を提供しているという自負は、職員のモチベーションを高めています。報酬の額ではなくよい介護をしたいと考えている人間には、トッツはやりがいと生きがいと夢を叶えてくれる企業なのです。そこには、ワーク・ライフ・ハピネスの一面を見ることができます。

また、高齢者や病人を手助けする、介護というとりわけ使命感の強い仕事であっても、働く人の考え方は千差万別。介護業界は離職率が高く、ある調査によると、離職理由は「理念や運営のあり方への不満」が最も多いという結果も出ています。それが事実ならば、逆にいえば、理念や運営に納得できれば離職しない人が増えるということでもあります。

実際、狩野イズムともいうべき理念とその誕生の経緯を理解してもらう形にしてからは、辞めていく人が減ったそうです。橘高さんは、次のようにいっています。

「うちの職員が元気な理由は、本気で自分たちが介護の世界を変えられると思っているところです。自分たちが介護を変えられたら地域も変わってくるし、世界が豊かになる……そこを本気で信じてやっているというのが、一番の強みだと思っています」

〝雨降って地固まる〟ということわざがありますが、トッツにおいても変事の後は職員の気持ちが固まり、一枚岩となったのです。

■介護の常識を破ったトッツでのある出来事

創業から苦難の時を経て約一二年。トッツは現在、居宅介護支援事業所、デイサービスセンター、ヘルパーステーション、小規模多機能ホームなど全部で約五〇カ所の事業所を展開するまでに成長しました。展開するエリアも尾道、福山、三原、世羅、安芸高田、東広島……と範囲を広げ、今では、広島県東部のほぼ半分の地域をカバーできるまでに規模を拡大しています。職員数も社員とパートを含めて五〇〇人を超えています。

それでは、トッツのどんなところが介護の〝質〟で日本一なのでしょう。

「すぐれた介護とは、どのようなものですか」と聞かれて、どんな答えを思い浮かべますか？　優しい介護、ていねいな介護、親切な介護、温かい介護……いろいろな答えがあるでしょう。もっと具体的に、設備が整った立派な施設があって、美味しい食事が出て、必要十分なアメニティが整っていると答える人もいるかもしれません。

ハピネス ✓ ポイント

会社の理念は、そこで働く社員一人ひとりの力を大きなベクトルに組み上げます。しかし、現実問題としてその理念の意味を深く理解することは容易ではありません。

トッツの理念には、自分たちの使命は介護の世界を変えることで、その先には、潤いのある社会の構築がイメージされています。この理念を理解することで、自分たちの仕事の高邁さに気づき、誇りを抱くことができるわけです。そこには創業時の、業界に対する反発も含まれています。

理念の意味を理解することで、高齢者への接し方も変わってきます。地域で生きてきた高齢者のみなさんは、地域そのものでもあるわけです。そして、自分たちもそこに生きている。介護を通して地域社会に貢献する意味も強く感じられます。職員の心の中にこうした前向きな考え方が広まれば、介護の仕事に携わることの意義も高まり、それだけでハピネスに近づきます。

皆さんの会社でも「理念はある」「毎朝、唱和している」というところはあるでしょう。しかしながら、そのような会社の中で本当に理念の意味を理解している、理念の意味が社員の肚《はら》に落ちているというところはどのくらいあるでしょうか。意外と少ないものです。一度検証してみてはいかがでしょう。

理念の理解度がベクトルの強さを決める

いずれも大事なことですが、そうした手厚い介護が高齢者のＱＯＬ（Quality of Life＝生活の質）に直接結びつくとは一概にはいえません。極端な話、親切な職員に身を任せているだけの介護では、逆に認知症が進んだなどという笑えない話も耳にします。

トッツが目指す介護の〝質〟は〝生きる〟ことに焦点が当てられています。

例えば、食後や入浴後の飲み物一つ取っても、多くの施設で提供されるのはお茶です。ここには、高齢者はお茶が好きだという勝手な先入観＝常識があります。

しかし、人間には一人ひとり感情があって、それは若者も高齢者も変わりません。それは嗜好品に対しては、好き／嫌い、飲みたい／飲みたくないという好みとして現れます。さらに、その日の気候や気分でも飲みたいものは変わってきます。お茶類だけでなく、ジュースやコーラが飲みたいという高齢者もいるはずです。

物事を選択する幅が広がるということは、〝生きている〟ということの裏返しの表現ではないでしょうか。人間は必ず何かを選択しながら生きています。選択することは思考する、つまり、生きることであり、選択の自由を奪うということは考えるという行為を停止させてしまい、自ら生きるということを妨げることにもなるのです。

トッツでは、平成二五年（二〇一三年）九月頃、施設にいろいろな飲み物を選んで飲めるドリンクサーバーを設置しました。お茶はもちろんジュースや炭酸飲料も出てきます。ドリンクサーバーは大好評で、トッツの事業所のみならず他社までが導入し始めました。

実際、ドリンクサーバーを設置したことで、これまで気づかなかった高齢者の興味深い姿が発見できたと橘高さんは教えてくれました。

ひとつ、問いかけをします。

入浴後の高齢者が好むのは、お茶でしょうか、それともジュースでしょうか。

正解は、〝炭酸栄養ドリンク〟。想像できましたか。実は、高齢者とずっと接している橘高さんたちですら、この結果には驚いています。サーバーを設置する前には想像すらしていなかったからで、それまで考えられていた常識が違っていたのです。

「職員には〝発想〟が大事だと話しています。発想するのは難しいですけれど、職員にとっても利用者さんにとっても選択肢が増えるような形でいろいろな仕掛けをしていくことが、どんどん具体的になっていっているところです。一つできると、『次はあれをやってほしい』『これをやってほしい』『こういうところに行きたい』などといった欲求が出てきます。欲求の高まりは選択の世界を広げます」（橘高さん）

高齢者は何もできない――この思い込みから周囲の人は高齢者の行動を封じ、何でも手伝ってしまう。この思い込みは高齢者本人にも伝わり、本人も何もできないと思い込むようになります。その結果、介護する人にとって負担が大きくなっていく。ついには、高齢者も介護する人も生きている実感を失ってしまう――ということにつながっていくのではないでしょうか。

介護の世界においては、この〝負の連鎖〟を断ち切らないといけません。それが実現できないとハピネスは生まれません。自分の好みのものを自分で選ぶことができた高齢者は幸せになります。こうした小さな改善の積み重ねがさらに広がっていけば、地域社会も潤ってくるはずです。

■自身を利用者の立場に置き換えて、満足できることを実施

これまで述べてきたことから、狩野社長が高齢者を一括りの〝パッケージ〟として見ていないことがわかります。こうした狩野社長の考え方は、教師としての体験と幼稚園での経験から来ているようです。

「幼稚園児を相手にするときは絶対にパッケージで見ません。三歳、四歳の子だって一人ひとり人格があるし、それぞれに『末は医者か大臣か』と夢を描く親がいます。同様に、お年

寄りにも一人ひとりの歴史があり、人として育んできたものをそれぞれ心に抱えています。
お年寄り一人ひとりに応じた介護のサービスをやるべきだと思っています」

ハピネス ✓ ポイント

「決められたことをきちんと行う」ということは大切です。定められたルーティン・ワークを軸に日々の仕事も成り立っています。しかし、前々から決められているからといって、それが最善の方法ともいえないわけです。常に改善することを念頭に置いておく必要があります。重要なのは、その視点です。

トッツのドリンクサーバー導入は、高齢者の好みに応えるためでした。高齢者はお茶しか飲まないという誤った視点の排除です。おそらく、高齢者にお茶しか出さないというのは、仕事を簡単にしたいという安易な考えが心の奥底にあったからなのかもしれません。これは、高齢者のハピネスは職員のハピネスであるという考え方にはそぐわない考えです。

高齢者の選択権に焦点を当てたドリンクサーバーの導入は、トッツがこれまでの慣習にとらわれず、お客様の視点から考えたことが起点になっています。その結果、職員にもハピネスがもたらされたことはいうまでもありません。

慣習にとらわれず、お客様の視点から考える

しかし、実際問題として、狩野社長の思いと介護の現実には大きな差がありました。職員たちは高齢者という大きな枠で一括りにしてしまい、それぞれの方を個人としては見ていなかったのです。狩野社長は、介護経験の長い人たちでも見過ごしてきた**介護の常識の〝変〟に気づき、まず意識改革から着手**したのです。

「『自分はこういう介護がしたい』『日本一のサービスがしたい』とかいったって、いっていることとやっていることがぜんぜん違うんじゃないの？」

狩野社長が放ったこの言葉で橘高さんの目からウロコが落ちました。

狩野社長と二人三脚でやってきた橘高さんにとって、この一二年間は介護の常識を打ち破ることの連続でした。

「格好いい理念をつくっていますけど（笑）、要は、自分の親を入れたり自分が本当に入りたいという施設になっているかどうかです。幼稚園と同じで自分の子どもを入れたいと思うかどうか。自分の立場に全部置き換えて、『入りたいと思うことをやりましょう』ということです」

自分たちがしたい介護ではなく、高齢者のニーズに合った介護を考える。それはいわば、自分が高齢者になったとき、どんな介護をしてほしいかということに根を置くことです。

トッツで働く職員の内、両親や親戚などで介護を必要とする高齢者を持つ人は、ほぼ百パーセント、トッツのサービスを受けているそうです。この事実からは、職員の意識改革が浸透したこと、高齢者になったときに自分の受けたいと思うサービスが行われていることをう

COLUMN

よいことは業界に、地域全体に広がればいい

ドリンクサーバーを他社が真似したというと穏やかではありませんが、自分だけの専売特許で誰にも真似させない、などという心の狭いやり方は狩野社長の頭にはありません。

周囲の職員は当初、狩野社長には他社に教えるのはよくないといったそうですが、狩野社長は聞き入れませんでした。なぜなら、他社にも教えてそれが一般的にならないと全体のレベルが上がらない、業界が次に進まないと考えたからです。何より、自分たちがよいと思ったことを真似てもらうことで尾道がよくなればそれでいいという考え方です。

これまでは技術や情報を独占（クローズ）することで利益を集約するという考え方が普通でした。しかし、社会全体が豊かになるためには技術や情報をオープンにしたほうがいいという考え方も生まれています。

クローズとオープン。ハピネスを感じる人が多いのはどちらでしょう。答えは明白で、オープンにしたほうがハピネスを感じる人はたくさん生まれます。

そうなったら新しい技術を生み出した会社はさらなる新しい技術を生み出せばいいだけのことです。こうしてハピネスの輪が広がっていき、会社もより高いレベルに到達できるというわけです。

かがい知ることができます。

「(介護業界が今のままだと)自分たちが年寄りになったとき、世の中は、あまりいいことになっていないと思うんです。それではまずいですよね。誰でも年寄りになるんです。今、自分たちが頑張ることで、少しでもいい世の中になるんじゃないかと思っています」(橘高さん)

超高齢化社会が今以上の猛スピードで進めば、高齢者がとてつもない速度で増えてきます。そうなったとき、介護業界が今のままであれば、サービスのフレキシビリティーは失われ、ますます型にはまった介護が行われてしまうでしょう。

■情報伝達においてはスピード感がハピネスを演出する

トッツでは**職員が提案した改善策はできるだけ採用**します。改善案というのは一つだけではありません。数ある改善案の中から、よりよいものを選び出せるのは、現場を担い、課題に直面している職員たちです。職員だからこそ有効な改善案が期待できるわけです。

改善案の提案などの**情報伝達には、上長や施設の所長など人的ネットワークだけでなく、Facebook(フェイスブック)やLINE(ライン)などのソーシャルメディアやチ**

ヤットアプリも活用しています。Ｆａｃｅｂｏｏｋには「トッツ社員」「トッツ幹部」「トッツ広報」など職階・職務に応じてグループをつくり、意見交換・情報共有・伝達が行われています。ＬＩＮＥにも同じくグループをつくり、緊急性の高い用件はチャットを利用しています。こうしたネットワークを介して改善案がすぐに狩野社長に伝わるようになっているのです。

職員から出る提案の多くは、すぐに実施したほうがよいものが多いのも特徴。ですから、**実施に当たってスピード感は欠かせません**。

いくら改善案が採用されても、実施までに半年も一年もかかっていたのでは遅すぎます。喫緊の課題解決につながらず、提案の意味を失ってしまうかもしれません。一方で、業を煮やした職員のモチベー

ションは下がり、会社全体の活力も停滞する可能性が出てきます。

これでは、大切なお客様である高齢者のことを本当に考えているとはいえません。

トッツでは、狩野**社長が即断即決。よいと判断したことはその場で決裁し、実行**に移します。このスピード感は会社の至るところで発揮されます。

例えば、平成一九年（二〇〇七年）にこんなことがありました。

今では温水洗浄式トイレは多くの家庭や施設に備わっていますが、トッツのトイレはそうではありませんでした。狩野社長はあるとき職員から「『入居者が温水洗浄式トイレを備えて欲しい』と訴えている」と聞かされます。その進言に狩野社長はその場で〝利用者の声には「迅速果断」に対応し、サービスに反映されなければならない〟と考え、さっそく全施設（準備中の施設も含めて）に温水洗浄式トイレを設置するよう指示を出したのです。

このケースのように、トッツでは各事業所で働く職員は改善案を常に発信しています。そして、温水洗浄式トイレのケースのように、改善案が埋もれることなくトップに伝わる仕組みもできています。さらに、成功した取り組みや事例は幹部職員の拠点会議で報告されて情報の周知徹底を図ることで、新たな取り組みや事例が速やかに各事業所に広がっていくのです。

ハピネス✓ポイント

アイデアが出てくるところには、そのアイデアを必要としている課題がそこにあるはずです。その課題解決が本当に必要なことか、今すぐ解決しないとどのような結末が考えられるのか。アイデアの採否には、このような思考を必要とします。

トッツではアイデアの実施はできるだけ即断即決を心がけています。アイデアを必要としているのが高齢者だからです。温水洗浄式トイレの設置にしても、高齢者が苦痛に感じていることの解消が目的です。高齢者の場合、遠い先の改善など無意味です。

こうした要請に対応できるように、狩野社長は、多様な方法を駆使して、職員とコミュニケーションを図るようにしているのです。

直接顔を合わせてやり取りする方法をおろそかにしないのはもちろんですが、若者の利用が多いFacebookやLINEを使って時間や場所に制限を受けない自由な会話も心がけています。若手職員の中には、Facebookで狩野社長と会話ができて嬉しかったという人もいるそうです。

経営者がこうした〝自由な会話〟や〝スピーディな意思決定〟を心がけることは職場に潤いをもたらし、新鮮なアイデア発掘にもつながります。

いいアイデアは即断即決で、すぐ実施

インターネットでトッツのＦａｃｅｂｏｏｋやブログをちょっと覗いてみてください。事業所で行われている運動会や魚釣り大会の様子、あるいは、チャンバラ大会や子どもの日に合わせて豆腐製の柏餅をつくるイベントの様子など、高齢者が楽しそうにしている光景をいくつでも見ることができます。そのほとんどが、職員や入居者の意見や提案から実施に至ったイベントです。

こんなことをやったら、入居者は喜ぶのではないだろうか――こうした思いからアイデアは生まれます。そして、喜んでほしい人は今、目の前にいます。**即実施には意味がある**のです。それを実現できるか否かは、働く人のモチベーションにも大きく作用します。

ちなみに、Ｆａｃｅｂｏｏｋに載っている旬の素材を生かした料理のレシピも、職員がつくったオリジナルです。ささやかでも、提案したアイデアが形になることで職員のやる気＝ハピネス感は満たされ、次への意欲につながっていくのです。

そして、一般的に「様子が見えにくい」といわれる介護現場ですが、広報誌などのオウンドメディアだけでなく、こうしたソーシャルメディアで介護現場の様子を発信したことで、社内外からトッツの取り組みに対する理解も深まってきています。

■忙しくても楽しく仕事ができる環境をつくる

一般に、介護業界の給料は他業種に比べて低いといわれています。その金額に関して狩野社長は、地方ではマスコミがいうほど安いという感覚はないといい切ります。
「お金を稼ぎたいのだったら、職種にこだわらなければいい。もっと給料のいい仕事がほかにあります。家族を食わせるためだけなら、それでいいんですけどね。介護の仕事にこだわりたいというか、理念と夢があるから、この会社なんですよね」（橘高さん）

働く場として、なぜトッツを選ぶのか。その理由のすべてが橘高さんの言葉に表現されています。実際、トッツの給料体系は介護業界の一般水準とほとんど同じです。「それでもトッツを選ぶ」という気持ちが職員のみなさんにはあるわけです。

もちろん、介護福祉士やケアマネージャーなどの資格を有していれば、給与に加算があります。残業代や有給休暇は法律の定めに従っています。当たり前の話ですが、介護業界の中では、残業代の支給や有給休暇の取得が十分に行われていないところもあるというのです。それぞれの規定はあっても、実際は、サービス残業を強いられたり、有給休暇がまともに取れないほどの多忙を強いられる現場がまだまだ存在しています。

トッツでも創業時には、残業代を満足に支給できなかった時期があったといいます。ただ、事業が軌道に乗り出したころには制度を設けています。実は、この残業代の支給を決める際には一つのエピソードがあったそうです。狩野社長がそろそろ残業代の支給に踏み切ろうと職員たちに提案したところ、拒否されたというのです。

多くの経営者は「えっ!?」と驚かれるでしょう。職員の言い分は「事業がもっと安定してから」というものでした。これには、狩野社長も胸を打たれたといいます。**職員の高邁な志**を見た思いがしたからです。彼らはただ雇われているだけの職員ではなく、その心は経営者である自分と同じ、肩を並べて厳しい道を共に進む同志の実感を深めたからではないでしょうか。

職員の高い志の表れは、残業代の支給が始まってからもありました。残業代の支給開始後、職員の残業時間が減ったというのです。

「残業代を払うようになる前は、確かに一見、ダラダラと時間だけかけているようなところもありました。しかし、残業代を払うことになったら、時間内にサービスが完結できるような動きになりましたね」（狩野社長）

職員は決して安泰ではない会社の経営状況を理解していました。残業代が支給されることになると、かえって計画的に仕事をする工夫をし、時間内に終わらせるようにしたのです。その効果はキビキビした動きに現われ、残業時間が減るという傾向が出たのです。そして早く帰れることで、職員たちは自分の時間を有意義に過ごせるようになったということです。

これはもう、ワーク・ライフ・ハピネスそのものです。

ハピネス✓ポイント

従業員の持つ豊かな個性は会社の財産ですが、それを発揮してもらうには、会社の方針に沿ってベクトルをそろえるということが必要になります。個性を抑えずベクトルをそろえるというのは、少し狂うとバラバラになる危険性をはらんでいます。これを回避するには、トッツが行ったように会社の理念に理解を求め、それに沿って行動するということが挙げられます。

しかし、これでは決まったレールの上を走るだけのように思われるきらいもあります。そこで必要になるのが、レール（仕事）とは別のところに視線を向け、目的にできる共通なもの——トッツでは保養所の購入でした。それは〝楽しみ〟を含んだ目標設定でした。従業員の意識を高め、ベクトルをより強固にするためには、こうした仕事とは離れた目標設定を採り入れる演出も必要ではないでしょうか。

社員のベクトルをそろえるためには、演出も必要

残業代だけでなく、有給休暇に関しても、制度を導入しようとしたときに「いらない」と、最初は職員に拒まれたそうです。それでも狩野社長は、職員のことを思えば有給休暇制度は必要と考えて導入しました。導入した当初は、案の定、忙しく働く職員の反応は今一つで、「どうせ誰も取れないですよ」という声が返ってきました。

しかし、翌年になると取得率が飛躍的に向上したのです。働き方が変わり、残業時間が減っただけでなく、有休を取る余裕までできたのです。

では、有休が取れたら何をするか。トッツでは、廿日市の山中に保養所を所有しています。今、有給休暇の取得率が上がるとともに、その保養所の利用も活発になっています。夏は避暑で憩い、冬はスキー場が近いので、スキーを楽しむ。家族とともに休暇を過ごす職員が多くなったことから、夏冬の保養所の予約には順番待ちまで出ているそうです。

ちなみに、この保養所には一つの逸話があります。

狩野社長は創業時、どこかで見つけたログハウスのパンフレットを事業所の壁に貼り、「三年後には、これを買える会社になるぞ！」と大声で職員に約束したのだそうです。**もともと志の高い職員が集まっていたところに具体的な〝楽しみ〟が目標として示された**わけです。みんなの志のベクトルが一つにならないわけがありません。トッツの介護事業は軌道に乗り、狩野社長は約束通り、保養所を購入しました。

トッツには、ほかにもワーク・ライフ・ハピネスにつながる取り組みがあります。それは、福利厚生の一つとしての部活動です。仕事上で心を一つにした職員の参加は盛んで、ソフトボール部で一つのボールを追いかけて汗を流すなど、仕事を離れたところでも共に楽しむ姿が見られるということです。

もちろん、**余裕ができた時間で趣味を謳歌している職員もたくさんいます**。音楽活動をしている総務部長の大鳥井さんは、ギターの趣味を生かして、業務の合間に毎月のように各事業所を回り、演奏会を開催し、高齢者に好評を得ています。また、毎月の活動とは別に、事業所ごとに行う夏祭りや敬老会などの行事でも引っ張りだこなのだそうです。

狩野社長自身も、自分の時間を楽しんでいます。

平成二六年（二〇一四年）二月、福山で行われた「福山五〇km夜間歩行」にチャレンジしたのも一つの例です。五〇キロを完歩して達成感にひたることができたといいます。また、職員有志と共に参加した同年三月の福山マラソンでは一〇キロマラソンを走り抜きました。体を動かすことが好きな狩野社長は、それ以外にも国内外を問わずダイビングに勤《いそ》しむなど、仕事を離れて人生もエンジョイしています。

狩野社長をはじめ職員一人ひとりが人生を楽しんでいることは、**仕事で接する高齢者たちにもプラスの影響を与えます**。楽しみを持つ人の表情は明るくなります。高齢者だって、暗い表情で接せられるより、笑顔で話しかけられたほうが嬉しいはずです。

■愛があるから介護の質で日本一になれる！

最後に、トッツを語る上で忘れてはいけないポイントを一つ。

前提として、介護が圧倒的に女性の職場だということがあります。トッツでも職員の九割が女性。男性は事業所長などを含めてもひと握りです。事業所によっては、所長一人が男性で、他の職員は全員女性というところもあります。介護の世界には、女性の優しさやきめ細やかな対応が不可欠ということです。

しかし、それゆえの課題もあります。実は、介護業界では、この課題と向き合うことを外して職員のハピネスを語ることはできません。なぜなら男性管理職にとって、女性職員といかにうまくコミュニケーションを取るかが業務をスムーズに進める上でのカギだからです。

あるとき、女性職員とうまくコミュニケーションが取れないと悩む男性の事業所長から相談された狩野社長は〝愛〟を語りました。
「それは君たちが彼女たちを愛していないからだ。愛していれば絶対ついてきてくれる！」
この言葉は悩みを相談した事業所長の胸を打ち、トッツの〝名言〟ともなりました。

ハピネス✓ポイント

実は、ワーク・ライフ・ハピネスは、何か一つの方法を講じたからとか、成功した会社の実践をまねしたということでは実現できません。同じ仕掛けをしても、その仕掛けを行った環境や状況、また実施にいたった考え方が異なれば成功するどころか、逆の結果にいたることもあります。

107ページで触れた「改善案の実施」と同じように、その視点が重要です。この視点に“愛”が含まれていなければ、どんなによい方法でも、ハピネスには結び付かないでしょう。逆に、多くの欠点を持つ方法であっても、そのもとに愛があれば、職場も従業員も、経営者もハピネスに近づけるはずです。

“愛”などというと、照れくさく感じる人もいることでしょう。しかし、本気でお客様や従業員に「愛情」を持って接することはハピネス企業の原点でもあるのです。

お客様への愛、同僚への愛が“ハピネス”を生む

それ以来、男性事業所長は女性職員を家族のように、あるいは恋人のように心から愛する気持ちで細やかな心遣いを持って接するようになりました。すると、その愛は女性職員に伝わったのでしょう。笑顔の会話が増え、人間関係も仕事もスムーズに運ぶようになったのです。

〝愛〟――それは介護のみならず人間関係の基本。狩野社長がその言葉を標榜したことで、もともとトッツの掲げる理念の底流を流れていたものがさらに強い流れになり、職員に浸透していったのではないでしょうか。

人を愛する心があれば相手の身になって考えることができます。身を粉にすることだっていとわなくなるでしょう。愛がない介護など考えられません。目の前の高齢者への愛、働く仲間への愛、家族への愛、そして地域社会への愛――心に愛の支えがあれば、ワークもライフもハピネスになるのは間違いありません。

狩野社長が口にした、さらにハピネス感があふれる言葉を紹介します。

「僕にとって職員は、みんな子どもみたいなものなんです。増えるとうれしい。僕個人としては（トッツで）一緒にやる仲間と共に年を取っていけたらいいなと思っています」

ハピネスリスト

- ☑既成概念の枠を取り払えば〝ハピネス〟が見える
- ☑理念の理解度がベクトルの強さを決める
- ☑慣習にとらわれず、お客様の視点から考える
- ☑いいアイデアは即断即決で、すぐ実施
- ☑社員のベクトルをそろえるためには、演出も必要
- ☑お客様への愛、同僚への愛が〝ハピネス〟を生む

ケーススタディー02

株式会社ミナロ

職人、業界、日本の中小企業全体のためのハピネスを目指す

職人を生かし、有能な人材を獲得するためオープンマインドで製造業の常識を破る

プロフィール

所在地：神奈川県横浜市
代表者：緑川賢司
資本金：1000万円
事業内容：木型・モデル加工、試作品・実験検討用のモックアップ、治具製作、ケミカルウッド販売等
ＨＰ等：http://www.minaro.com/

■コマ大戦が生み出す中小企業の活力

「全日本製造業コマ大戦」という大会のことを知っていますか。製造業にかかわっている人ならご存じかもしれません。そうでない方でも、テレビなどのマスコミで取り上げられていますので、「ああ、見たことある」と気づいた人もいることでしょう。また、ＹｏｕＴｕｂｅなどの動画サイトにも、さまざまな大会の模様がアップロ

ードされています。

まず、コマ大戦のルールについて紹介しておきましょう。

そこでは、直径二五センチほどの中心部がややへこんだ〝土俵〟が用意され、その上でコマを戦わせます。戦わせるといっても、ベーゴマのようにぶつけ合って弾き飛ばすわけではありません。土俵上で、相手より長く回っていた方が勝ち。先に回り終えてしまったり、土俵から落ちてしまったりすると負け。要は〝回転力〟を競う勝負です。

勝利にかかる時間は二分から三分。この時間をどう思いますか。普通のコマではありえない長い時間です。バランスがよくて、土俵との摩擦係数を低くするなどの技術が求められ、形状にも工夫が施され、製造業の技術力が集約されています。つまり、コマ大戦は製造業の技術力を競う大会なのです。

コマ自体のスペックは直径二〇ミリ以内であれば、材質や重量、形状は一切問わないという制限の緩やかさがあります。条件に収まっていれば、さまざまに試みることができるわけです。職人たちは持てる最高の技術を詰め込んで生み出した最高のコマを持ち寄って戦いを繰り広げます。

戦いは、ただコマを回すだけなので一見地味ですが、勝利は即、技術の優秀さの証明であり、参加者は自然と力が入ります。町工場が中心となってつくった人工衛星の〝まいど一号〟や深海探査艇〝江戸っ子一号〟、オリンピックを目指した〝下町ボブスレー〟などで証明された日本の製造業の技術力の高さはマスコミも大きく扱いますが、このコマ大戦もそれらに比肩できる技術力の証明の一つといっても過言ではありません。

実は、この「全日本製造業コマ大戦」を主催しているのは株式会社ミナロという木型の会社で、仕掛け人は同社社長の緑川賢司さんです。

ちなみに、全日本製造業コマ大戦の第一回大会が開催されたのは平成二四年（二〇一二年）二月一二日。それ以来、小さな大会から大きな大会まで、さまざまな大会が日本各地で毎週のように開かれています。さらに、平成二七年（二〇一五年）二月一五日の全国大会からは〝世界〟の冠がつくなど、日本以外の国からも参加者を迎えるほどの規模になりました。

■インターネットを営業ツールに開業を志す

ミナロは、神奈川県横浜市金沢区の工業団地の一角に本社と工場があります。木型の加工やモックアップ（試作模型）、治具《じぐ》（製作工程を補助する器具）の製造販売を手がけ、従業員は一〇名弱という典型的な中小企業です。全日本製造業コマ大戦の仕掛け人であり、同協会の会長も務める緑川賢司社長は、製造業の世界において広く知られる存在です。

中小企業の社長というと、営業や資金繰りで追われるように仕事をしている姿を想像します。自社の仕事以外に関心を持つことなどなかなかできないのではないか。しかし、緑川社長は違います。インターネットやラジオの放送、あるいは新聞、雑誌などにしばしば登場します。そして、中小企業の実情や課題、取り組みなどについて情報発信を行っているのです。

中小企業の優れた技術力をコマのバトルという形で主張しつつ、全国各地で予選大会を開くことで日本中の中小企業の横のネットワークをつくる。そして、一社一社では中央まで届かない中小企業の声を一本化することで無視できない存在となり、中央に自分たちの意見をしっかり届けようというのが緑川社長のもくろみなのです。

さて、西に東にと日本中を飛び回っている緑川社長ですが、もともとは、生粋の木型職人です。二〇歳のときに木型業の世界に入り、一五年間を職人として働いてきました。ところが、平成一四年（二〇〇二年）八月、働いていた木型の製作所が営業を停止するという人生のターニング・ポイントを迎えます。

再就職するか、起業するか。緑川社長は悩みました。腕と人柄を見込まれての再就職の話はありました。しかし、衰退していく業界のことや自身の年齢のことなどもあり、「はい、わかりました」という返事をすぐにはできません。

そこで独立し、起業することを考えたのです。その起業にしても、すぐに明るい未来が見えているわけではありません。しかし、将来的な可能性は起業かなと考えていました。そこで、自分以外に二人いた職人に声をかけてみたのです。起業してもすぐに給料を払える見込みなどない。しかし、起業にしか先が見えない。二人の返事は明快でした。緑川社長と一緒に働きたいといってくれたのです。

これで緑川社長は起業を決意。同じ工業団地内にあった空き工場を借り、前の会社が捨てるはずだった道具を使わせてもらい、会社を興したのです。

〝ミナロ〟という社名は、起業にかかわった三人の名前から来ているということです。ここに、起業に懸ける三人の共通の思いを感じることができます。

起業する際に営業戦略として、緑川社長が真っ先に考えたのがホームページです。

「会社をつくるとき、住所や電話番号を決めるより先にホームページのドメイン〝minaro.com〟を取得したんです。それがうちの営業であり、看板だと。私は前の会社で製造に携わりながらウェブ運営を担当し、ウェブ経由で仕事が取れていたこともあって、町工場はどんどんそういう方向に向かうと感じていました。効果はてきめんで、起業時のお得意さんは以前の製作所時代から引き継いだ三社でしたが、一年で三一社になり、それから今日まで一〇年ちょっとで顧客数が一〇〇倍の約三〇〇〇社になりました。ほとんどがホームページ経由で取引の始まった顧客です」

インターネット販売の顧客数増加に貢献したのがケミカルウッド。ケミカルウッドはポリウレタンなどの合成樹脂を使って、木と同じような性質を持たせた素材です。本物の木と違って木目がないため加工しやすく、腐ることもカビが生えることもないという特徴がありま す。木型や治具製作などの商業利用だけでなく、一般の方の模型制作まで幅広く使われています。

当初、ミナロでは試作品づくりなどで余り、処分する端物を販売に当てていました。小さな欠片でも、趣味の模型づくりなどには使えるので、有効利用と考えていたわけです。しかし、反響は大きく、今では端物だけでは間に合わず、お客さまの要望に応じてカットして販売することも多くなっているそうです。

「ケミカルウッドは毎月、ミナロの売上の一割、多いときは二割くらい稼げる商材で、ほぼ固定金額が入ってきます。お得意さんは企業もありますし、学校もあれば個人もあるなど多岐にわたっています」（緑川社長）

一般的には、端材となるケミカルウッドは〝ゴミ同等品〟です。しかし、模型好きのマニアはいつの時代でも必ずいます。**ケミカルウッドの入手先も限られていることから、販売すれば売れるだろうという見込み**は立ちますが、そのための営業を増やすことや、特別の販路開拓に費やす労力はない――**ホームページに営業職を委ねる**手段に行き着くのは当然だったかもしれません。以前の勤め先でホームページ運営にかかわったことが大きな花を咲かせたわけです。

ホームページの活躍は、ケミカルウッドの販売だけではありません。本来の木型製作の依頼もネット経由でやってきました。

ある大手企業から船の模型の制作依頼です。実物の一〇〇分の一のスケールモデルですが、それでも全長二メートルはあります。ミナロは持てる力を傾注して巨大モデルを作成。その模型は、さまざまな場所で実験に使われることになり、高評価を得ました。しかも、その模型を目にした別の企業からも同様の注文が入るというよい受注の連鎖も起こったといいます。

前の製作所時代は、親会社・子会社という関係で木型をつくることが中心。これでは、親会社がこければ子会社もこける構図から抜け出すことができません。景気のよい時代ならい

ざ知らず、長い不況の続く中、厳しい構図です。この構図を打ち破るためには、新規の顧客を開拓しなければならなかったわけです。その切り札がホームページ。人手をかけず費用をかけず、それを実現するための手段でした。

ハピネス✓ポイント

“下請けからの脱却”。口にするのは簡単ですが、実行するのは容易ではありません。いつまで経っても、自律した事業展開ができず、悩んでいる中小企業はたくさんあります。この構図を打ち破るには、ミナロのように、製造・生産だけでなく、販売にも目を向けるという発想の転換が必要なのです。起業期のミナロの場合、ホームページ活用という目算があり、レアなケミカルウッドの商品化で、それを行いました。この方法は決して起業期にだけ効果を発揮するわけではありません。オンラインショッピングはさまざまな企業が取り組んでいる新たな市場です。「こんなもの売れるかな？」というような、通常の販路では難しいものでも売れることがあります。新たな販路が見つかる可能性もあるので、閉塞感の打開にも役立ちます。

発想の転換ができるかどうか。そこに、ハピネスにたどり着けるかどうかの分岐点があるといっても過言ではありません

組織や業界の風習に埋没しない“発想の転換”が導く変革

■創業体制からの脱却を目指して

緑川社長の先見の明があって、ミナロは大きな追い風を受けることができ、今日まで元気よく成長を続けてきました。その成長の支えの奥底には、緑川社長が起業当時から意識してきた会社の性格を決定づける二つの思いがあります。

その一つが、会社の〝オープン性〟です。

「新しい会社をつくったときに一番大きく変えたのは見せ方です。木型屋というのは非常に閉鎖的な業界で、基本的に横のつながりを持ちません。親会社についていけばずっと仕事がもらえる状態だったので、横に展開する必要はいっさいなかったんです」

以前の会社は、閉ざされた業界の中の閉ざされた会社という状況にあったと、緑川社長はいいます。ですから、親会社からの仕事の流れが細くなったときでも、新たな発想が出てこず、先の見えない状況になっていったそうです。業界を横断して営業展開するノウハウもスキルもなく、やる気も失せてしまっていました。

こうした状況の中で緑川社長は、新会社のミナロでは、**以前と同じことをやっていたのではすぐ先が見えなくなる。やらなかったことをしなければだめだと、思いを新たに**します。

その手始めが、ホームページの活用だったわけです。

ただ、気がかりなのは、ミナロが引き継いだ木型という業界そのものの今後でした。

「木型業界自体のパイは年々縮小していますけれど、それでも仕事は十分にあります。業界が小さくなる分、廃業してしまうところも多く、おそらく、横浜でも木型屋はもう二、三社しかないと思うのですが、その中で生き残ったところに仕事が集中するという状況もあると思います。うちは一〇人足らずの会社ですが、それでも十分やっていけるんです」

業界の中での激しい生存競争の様子がうかがえます。木型を必要としている仕事がなくなったわけではない。木型をつくっていた会社が少なくなった分、残ることのできた会社に対する発注量は増えるという目算です。かといって、適正な木型会社の数になったかどうかは未知数。生き残るためには、新たな課題を克服していかなければなりません。

近年、３Ｄプリンターの普及で簡単なモデルなら個人でも手軽につくることができるようになりました。より精巧なモデルを作成できる機種もあるので、プロの木型職人にとって脅威ではないかと聞いてみたところ、次のような答えが返ってきました。

「３Ｄプリンターといっても一〇万円くらいで買えるものから何千万円もするものまでありま す。よく報道されているような一〇〇万円以下の３Ｄプリンターはますます普及すると思いますが、そこで出来上がってくるものは製造業の現場で実用に堪えるものではありません。そんな安い３Ｄプリンターでつくったモデルをもとに製造した飛行機に乗りたいとは思わないでしょう。本物をつくろうと思ったら、やはりプロに頼むと思うのです。一方、３Ｄプリンターの登場で、モデル製作のすそ野は広がると思います。すると、なかには、『普及機でつくるモデルではちょっと物足りないなぁ』と感じる人が出てきて、『ここから先はプロに頼みます』という展開も考えられます。そうなれば、うちの仕事はもっと増えるはずです。つまり、３Ｄプリンターの登場は競合ではなく、ミナロにとっては追い風になる展開が期待できると考えています」

業界自体は縮小しても、仕事自体は必要とされています。間口が広がれば木型に対する認識も高まり、必要性も増してきます。その仕事のほとんどを取りに行くつもりでいればミナロは成長できます。

■職人を育てる〝自由な〟環境は、会社の利益に結びつく

もう一つ意識していたことは、**できるだけ職人たちを〝自由にさせる〟ということ**です。

自由にさせるというのはどういうことかというと、請け負った仕事を期限までに完成させ

ハピネス✓ポイント

何かに行き詰まってしまったとき、二つの選択があります。一つは、今直面している課題だけを考えて打開策を探る方法。もう一つは、打開策を探しつつも、もう少し広い視野を持ち、新たな展開を模索すること。

どちらが簡単かというと、前者です。考える世界が限られていますから、考えやすいのは言うまでもありません。しかし、本当に行き詰まっている場合、打開策が見つかるかどうかは疑問です。

では、後者はどうかというと、考える世界が広がる分（オープン性）、脳内神経は活発に活動し、いろいろなアイデアが生まれます。専門性が高い場合、それ以外の世界に視点を広げることは難しいかもしれませんが、多くの場合、活路を見いだせるのは後者です。ライバルを考えるときも同様です。３Ｄプリンターの登場をモデル製作の〝すそ野の拡大〟につながるとする緑川社長の発想もプラス思考で、脳内神経を有意に刺激するはずです。行き詰まりに気落ちするのではなく、視点を広げたり増やしたり、ときには移動させたりすれば、プラス思考に結びつくのです。

とくに、中小企業のワーク・ライフ・ハピネス実現には、ピンチは〝チャンス〟でもあるというプラス思考が必要なのです。

状況に対するプラス思考と思考のオープン性がハピネスを呼ぶ

るのは当たり前ですが、そこに至る段取りや方法は職人に任すというものです。職人一人ひとりの作業工程を厳しく管理するのではなく、彼らの自主性を尊重する方針です。細かい指示がない分、職人は製作をイキイキと行うことができます。

職人にとって働きやすい環境をつくることは、職人としてキャリアを積み上げてきた緑川社長の強い意向だったのです。この意向から生まれた職人の自由は、もう一つあります。それは、**手が空いた時間は自由に使っていい**というものです。工場の設備を使うことも許されています。そもそも多くの場合、職人は、〝ものづくり〟を好む人がなるのではないでしょうか。それも、自分の好きなものがつくれたら最高です。**仕事でつくるものは、取引先の意向に沿う作品で、いろいろな制限があります。**しかし、

自由につくるものには制限がありません。おそらく、職人の脳内の血流は盛んになり、酸素消費量も増加し、よりいいものをつくろうと知恵を絞り、技を磨くはずです。

実際に職人たちが空いた時間で何をつくったかというと、アニメ「機動戦士ガンダム」に登場する高さ一八〇センチメートルほどのモビルスーツ〝ガンダム〟（ケミカルウッド製）、下町の鉄工場を舞台にした漫画家たなかじゅんさんのコミック『ナッちゃん』に登場する〝ナッちゃん〟こと坂本ナツコの等身大フィギュア、そして、これもまたアニメ「新世紀エヴァンゲリヲン」のキャラクターをモチーフにしたマンホールの蓋などです。

ガンダムのフィギュアはとりわけ精巧で、指をはじめ、すべての関節が自由に動くようにできています。サイズでは負けますが、各部の動きにおいてはお台場の実物大ガンダムに決して引けを取らない仕上がりです。

ただ、会社としては、こうした自由時間の設定はどうなのだろうかという懸念も持ちます。制約なしで、商売に直接結び付かないものをつくる――時間の無駄、会社の不利益になるのではないかと思われるかもしれません。しかし、緑川社長の考えは違います。

「うちは、そういう条件で採用しています。条件というか、新人でも現場を見ればわかりますよ。時間に空きがあれば、先輩たちは自分の好きなものをつくり始めますからね」

後から入った職人も自然と自由時間を利用する仕組みになっているというのです。おそらく、職人という個人が持っている個性的な能力を活かすために必要と考えているのでしょう。

そもそも、ガンダムのフィギュアをつくったのも理由は簡単。緑川社長自身がガンダム好きだからだといいます。つまり、社長自ら自由時間の活用を誘導しているのです。職人四人でつくったそうですが、ガンダム好きの職人たちが仕事でもないのに二次元の絵から三次元の物体を生み出す姿を想像すると、実に楽しそうです。

「仕事じゃなくて自分の好きなものをつくり始めると、今まで使ったことがないような道具を選んでみたり、CAD（Computer Aided Design＝コンピュータを用いた設計）のオペレーションをしてみたり、いろいろ挑戦したくなるでしょう。で、こんないいやり方があったのかと気がつくんです。それが次の仕事に生かせるわけです。受注した仕事をこなしているだけだと決まりきったオペレーションしかしなくなってしまいますからね」

前述した三つの作品は商売に直接結びつくことはありませんでした。しかし、同じように職人が試しにつくった樹脂製のトランペット用のマウスピースは非常に好評ということです。プロの演奏家も性能を認め、近い将来、商品化が可能なところまできています。

自由な時間と空間を与えることは、職人一人ひとりにプラス効果をもたらすだけでなく、

実はミナロの成長、事業展開にとっても効果を発揮しているのです。職人は、好きなものをつくってスキルアップでき、それが会社の新たな利益を生む――ミナロにとっても、宝を生み出す時間であったのです。

ハピネス✓ポイント

多くの仕事において、ルーティンワークは必要な作業です。しかし、決まった仕事だけしていたのでは発展や進歩は望めません。まして職人の世界では、多くの刺激を必要とします。そうした刺激から新たな発想が生まれてくるわけです。職人によっては、新たな発想に結びつくことだけでも楽しく、ハピネス感を得ることができます。発想から試行錯誤を繰り返し、形あるものになったら、ハピネス度は頂点に向かいます。

しかし、企業はそれだけではすみません。形になったものが利益を生むかどうかが問題です。いくらよい発想でも、利益を生まないものは無駄でしかありません。しかし、自由のない、がんじがらめの中での製品開発はよい結果を生まないでしょう。〝自由さ〟をどのように、どの程度用意するか（できるか）はそれぞれですが、従業員の気持ちをほぐし、前向きに仕事に取り組める環境をつくり出すことは重要です。

自由な時間は、職人の本能を覚醒する

■一人完結主義の製作体制が職人のハピネスを生む

ミナロには、一人ひとりの職人が最後まで出来上がりを担保するという経営と職人間の了解事項があります。このことは、職人に自律的に仕事に取り組む姿勢を育みます。

仕事を任されたら、担当する職人は自分の判断で納得できる状態になるまで製作に取り組み、満足いく仕上がりのものをつくって納品する。当たり前のことのようですが、分業化が図られている会社では、製品の仕上がりにかかわれない職人もいます。しかし、**多くの職人は製品の仕上がりを最も気にかけるのではないでしょうか。それがクライアントに評価されたとき、職人のハピネスは最高潮に達します。**

完結するまで任されるミナロの職人は、精度を高めるために何回もつくり直すこともあります。もちろん、それはスケジュールの範囲内でのことです。それを全部職人がコントロールしているので、それがうまくいったときは満足感＝ハピネスを感じるときでもあります。

緑川社長は、

「基本的に、うちの職人は自分たちのプライドで物をつくっています。そこを妥協して納品することはありません」

ときっぱりといい切ります。

職人はみな自分で時間を管理して、会社の仕事をしたり、好きなものをつくったり、趣味に興じたりする人もいます。なかには有給休暇を取って、自分の工作のために会社に来る人もいるそうです。このこと一つを取っても、まさにいい意味で仕事とプライベートの区別がないという、ワーク・ライフ・ハピネスの精神が期せずして根付いていることの証ではないでしょうか。

■職人や従業員に一体感をもたらす家族性を重要視

ミナロでは、工場の三階にある畳の部屋を食堂代わりに使っています。いつもなら、各自気の向くままの利用ですが、月曜日と金曜日の週二回は一緒に昼食をとるという習慣になっています。パートやアルバイトも一緒で、もう四年ほど続いているそうです。この二日間は、緑川社長のお母さんお手製の料理が用意されます。

お昼近くなると、職人たちをはじめ従業員が三々五々集まってきて、栄養満点の料理を食べます。外食がちの独身の職人さんにとっては、とても助かる恒例行事です。偏りがちな栄養も補ってもらえます。

「〝同じ釜の飯を食う〟ことですからね、全員が一つになるいい機会になっていると思いますよ」（緑川社長）

中小企業では**従業員の〝息が合う〟ということは重要**です。**一人ひとりの小さな力を大きな力に変えてくれるのも、息が合ってこそ**です。個性豊かな職人の場合、これがやや難しい面があります。いろいろな方向に向きがちな力を一つにそろえるようにするには、こうしたアットホーム感は効果的なのではないでしょうか。

また、ミナロでは、年に何度か工場の駐車場でバーベキュー大会を開いています。このイベントも同じ効果が期待できます。仕事とは異なる催しなので気分転換にもつながります。この費用は会社持ち。従業員だけでなく、奥さんや子どもさんも連れてきてよいことになっています。より楽しいひと時を過ごすことができるでしょう。

■社長のハピネスは、子どもの夢を育てる環境づくり

緑川社長が取り組んだ企業への思いとその実践について紹介しながら、ミナロの職人のハピネス状況を見てきました。職人ならではの自由な感性を活かすための方策や、小規模企業ならではの家族性を育む取り組みがミナロにはありました。その取り組みからは明らかに、

職場のハピネス状況が生まれています。

では、経営者としての緑川社長自身のハピネスはどこにあるのでしょうか。

これまで緑川社長が行ってきたことを概観すると、その一端を見ることができます。最初に紹介した「全日本製造業コマ大戦」を仕掛けたこと。ミナロは製造業ではありますが、コマをつくり出す金属加工の企業ではありません。つまり、緑川社長が〝コマ〟に見出したのは、自社の技術とは異なる製造業の技術奨励への道筋です。自社の技術力のアップや利益のみを考えるところからは生まれてこない発想です。ここには、自分の会社や木型業界だけでなく、もっと広い範囲の製造業の元気を願う気持ちが表れています。

多くの製造業者から支持を得た全日本製造業コマ大戦は各地に広まり、全国大会の実施も平成二七年（二〇一五年）に三回を数えることになります。と同時に、緑川社長は各地での講演に呼ばれる機会も増え、全国を飛び回る生活になっています。マスコミにも取り上げられ、中小のメディアにも頻繁に登場します。

こうした社外の活動を緑川社長は大事にしています。しかし、社外の活動に重きを置く社長に対して、職人たちの間には「社長は何を目指しているのかわからない」という不満の声も出てきたそうです。社外の活動は、直接会社の利益に結びつかないものもあるので、それは当然の反応でしょう。そうした従業員の声に対して緑川社長は、自分の思いを伝える努力をします。**ミーティングの数を増やしたり、朝礼を開いたりして、できるだけ意思の疎通を図った**そうです。

「社長が外に出て行って何をやっているか具体的にはわからないけれど、こういう思いでやっているんだろうなというのを理解してくれる従業員が多くなっています」（緑川社長）

緑川社長の考えは、**中小企業は一社だけで頑張ってもたかが知れている。小さな力を大きくするためには、同業社が集まることも重要。業界が発展すれば、そこで生きる製造業者が潤うことになる。しかし、緑川社長の視点はさらに広い世界を見ています。同業だけ**

でなく、中小企業全体の発展がなければ、一社の努力は無駄になる可能性が高いという視点です。中小企業全体を考えるということは、同業だけでなく、異業種との連携も視野に入れるということです。こうした壮大な視点は、多くの場合、なかなか理解は得られません。

そして、こうした対外活動はいったん途切れると、それまで築いてきたものが崩れるおそれがあります。それを回避するためには外に出続けるしかないのです。

中小企業の中の製造業、製造業の中の木型製作、木型製作の中のミナロ――こうした構図をしっかり伝え、中小企業全体の中でミナロの存在を考えなければならないことを説明したのでしょう。ようやく、緑川社長の粘り強い活動の意味が理解されたといいます。

今またミナロは製造業のオピニオンリーダーとして、平成二六年（二〇一四年）五月四日・五日に香川県高松市で「ALL JAPAN PROJECT」を開催しました。

これは演劇や音楽、アートなどさまざまなパフォーマンスや子ども向けのイベントを開くと同時に、全日本異業種フォーラムやモノヅクリンクネット公開例会など、製造業に携わる人々が集まって意見交換するという、実に大掛かりで、きわめてユニークなプログラムです。

「日本をこのまま放っておけない人々が立ち上がり集結します。日本のよさを集め、見て、聞いて、感じる。それがオールジャパンプロジェクトです」

このイベントに懸けた思いを緑川社長はブログでそうつづっています。緑川社長の胸の中では、常に自分のいる業界、町工場、ものづくり屋を連携させて何かできないかという思考が繰り返されています。それだけでなく、一つ上のレベルで、中小企業連合的な考え方を持って連携することが重要だとも考えています。大事なことはマスコミにどうアピールするか、そこでは情報発信力が問われています。

情報発信力を高めるには、中小企業それぞれの業界や団体が別個に声を出すのではなく、業界や団体がサミット的なことをやって、まとまった方針を出したほうがよいというのが緑川社長の考えです。そうなれば、マスコミもきっと取り上げるに違いないと思い描いています。

日本の企業の九九・七パーセントを占めるのが中小企業であるならば、中小企業の意見は国民の総意により近いはずです。各中小企業団体が一堂に会してサミットを開く場をつくっていくのは大事なことで、「ALL JAPAN PROJECT」が一つのきっかけになって、ここから先、中小企業の意見を広く発信できればいいと緑川社長は考えています。

「あのイベントは日本のよさを伝えるのが目的です。まず大人の世代が日本全国で起きているすごいといわれているものを知って、それを子どもたちと一緒に見に来て、子どもたちの将来にそれが反映される。すると、その子どもたちが職業を選択するときに、『あれ、すごかったなあ』『ああいうことをしたいなあ』と考えるでしょう。それが将来の日本の夢につながると思うんですよ」

よくいわれることですが、〝将来の夢は何？〟と聞かれて、〝安定〟と答える子どもたちがいることを緑川社長は嘆いています。子どもたちは親がどんな仕事をしているかも知らず、親がいつも疲れている姿しか見ていません。そんな家庭では楽しい未来図など描けるはずがありません。わくわくするような未来が描けないから、安定に目が向くのです。

そんな日本の状況を打破すべく、「日本にはいいものがいっぱいある。ものづくりは楽しい。それを見せますから来てください」という思いで緑川社長は「ALL JAPAN PROJECT」を開催しました。緑川社長のまいた種がいつか芽吹くことを期待しましょう。

また、緑川社長は、起業家を応援するために、「起業教導塾ポラリス」という私塾をプロデュースしています。行政書士や会計士とタッグを組んで、これまでの経験をもとに成功や失敗の事例から導いたノウハウを伝授するという塾です。ポラリスは北極星のことで、古来から旅人の道しるべとなり、安全な旅や航海を導いてきました。同じように、起業教導塾ポラリスも、起業家を安全に教導し、日本の中小企業界を元気にするために行っているのです。

「中小企業が社会の主役であるというのは『中小企業憲章』にも書いてあるけれど、本当に主役なのか？　日本の企業の九九・七パーセントが中小企業で、働く人の七割が中小企業にいる。生産でも消費でも主役級であるにも関わらず、国の政策に中小企業で働いている人たちの声は届いていない。これをどうやって本当の主役にするかが僕のテーマなんです」

■必要な人材は経営者自らがスカウトする

緑川社長の活動には、中小企業全体をワーク・ライフ・ハピネスに向けている意味合いを感じます。しかし、外向きの仕事を増やすと、肝心の社長業を圧迫することにもなりかねません。ミナロの経営においては重要なバランスが求められます。外へ、外へと向かう緑川社長の志向とミナロの経営業務はどのように折り合いがつけられているのでしょうか。

これは数年来の緑川社長の課題でもありました。この課題解決に緑川社長が取った選択は、新たな人材に任すことでした。任すといっても、社長業を辞めるということではなく、経営改革を行うための人材を得るということです。

二年前のことです。大手メーカーで働いていた技術者であり、営業マンの経験もある齋藤礼嗣《のりつぐ》さんを採用します。さらに一年後には、一部上場の化学メーカーで総務を担当していた嶋直樹さんがミナロに加わりました。

二人とも緑川社長とは以前から交流があり、彼らの人間性やミナロが必要としている仕事上のスキルを備えていることもわかっていました。逆に、入社する以前の二人も、ミナロの状況や緑川社長の考えや置かれている状況をよく理解していました。

ハピネス ✓ ポイント

企業や組織には〝ギャップ〟というものが存在します。それは、経営陣と従業員の考え方のギャップであったり、ジェネレーションギャップであったり、価値観の違いであったり……。しかし、それを単に〝ギャップ〟として片づけるのではなく、継続した地道な活動の中で「埋める努力」も必要なのです。

緑川社長も自分の夢を語ることで、徐々に従業員とのギャップが埋まっていくのを感じています。経営者や社長には、照れくさがらずに、そして、決して焦らずに、自分の夢を語り、行動に移してもらいたいものです。

ギャップが埋まるということは、価値の共有が進んだことを意味します。組織において価値の共有は、年齢や立場などの違いを越えて必要なこと。この視点は疎かにできません。

経営者は自分の夢を自信を持って語り、行動できるか

「僕が外から見ていた緑川社長というのが、実務もやりながらだったので、ちょっと窮屈そうに見えたんですね。もうちょっとやりたいことがあるんじゃないかなというのがあって、もっと外に出やすい環境に持っていけたらなあと考えていました」

二人の加入は、緑川社長が社外の人材と交流を深めることを大切にしていた帰結です。ヘッドハンティングなどのスカウトサービスを行っている会社に依頼して人材を探すのならいざ知らず、広く社外にアンテナをはりめぐらせていないと、自社に合う有用な人材に巡り合うことは難しいのではないでしょうか。スカウトサービスなど利用すれば費用がかかります。また、ハローワークで募集をかけても、ミナロの場合、緑川社長の意に沿う人材に出会えたかどうか。やはり、日頃の人材交流が功を奏したということではないでしょうか。

ミナロと自分を理解する人材を得た緑川社長にとって、齋藤さんと嶋さんの入社は大きなメリットをもたらしました。とくに、齋藤さんが実務、つまり、職人の現場と対外的な営業面を一手に引き受けてくれることで、緑川社長の外向けの活動に余裕ができたことは疑いの余地はありません。

しかし、メリットは緑川社長にもたらされただけではありません。職人たちにも利益はありました。

「僕が入った頃のミナロは、ミーティングをやると必ず怒鳴り合いになるくらい、すごかったんです。職人が『社長、これどうなってるんですか！』みたいにがんがんいってきて、それに社長が応じるという感じでした」

外に出て、地域や業界の結びつきの中でミナロの将来を思い描く緑川社長と、納期などに追われる職人たちの間には自ずと視点の異なる緊張感が生じるのは当たり前です。「社長、これどうなってるんですか！」と訴える職人にしても、緑川社長の状況はある程度理解していたはず。しかし、今、目の前にある仕事にも社長判断を必要とする課題がある。その課題が解決しなければ、仕事が先に進まない。もどかしさはお互いにあり、それが火種となって激しいやり取りとなったのでしょう。

「でも、僕が入ってからは相談事は僕のところに来ます。しかも、小出しで。ドカンとくるのはなくなりましたね」（齋藤さん）

齋藤さんが緩衝帯の機能を果たすことで、社長と職人の緊張関係が緩和された様子がうかがえます。この変化には、メリットが社長だけでなく職人たちにももたらされていることが表れています。

ミナロに加わった齋藤さんには〝番頭〟、嶋さんには〝執事〟という一風変わった肩書がついています。ちなみに緑川社長は〝おかしら〟で、形式ばった組織とは異なる遊び心を感じさせてくれるのもミナロらしさです。

余談になりますが、有能な齋藤さんですから、前職を辞めるときには、ほかにも引き合いがあったといいます。

「四〇歳を過ぎて同じような規模の会社に行ってもやることが見えてしまうでしょう。大きな客船に乗るのか、海賊船に乗るのかですけれど、船長が『右に行け』といったらパッと右に舵が切れるような船に乗りたかったというのはありますね」

豪華客船ではなく海賊船。海賊船というと物騒ですが、大海に乗り出す小舟には、それぐらいの独立独歩の意気込みは必要でしょう。しかし、齋藤さんらが入社する前のミナロは、船長と躁舵手を緑川社長が兼任し、職人たちが機関のない船で全身を使って力いっぱい漕いで前に進もうとしているという構図でした。

行く手には、さらに大きな波がうねる荒海が見えています。

船長は船長の役割を果たし、操舵は誰かに任さなければ沈没の危機も迫っている状況であったのかもしれません。推進力も職人の手漕ぎにだけ頼っているのでは、大波を漕ぎ越えることはできません。推進力を支える機構が必要です。あとで述べますが、この改革に取り組むのは、嶋さんです。

二人の有能な人材の加入で、ミナロは新たな門出を果たしたのです。

■時期を見ての〝次の一手〟

不足する戦力を補うために採用されたのではなく、経営の改革を求められた場合、どうしても既存の従業員との衝突が起きがちになります。とくにミナロのように個性的な職人集団との間では懸念されたことです。

齋藤さんは入社に当たって、そのことは十分に承知していました。いきなり改革に着手しなかったのはそのためです。まず、現場に飛び込みます。

齋藤さん自身、技術者として働いていた経歴が長く、現場の職人と意見を交わすだけのスキルを持っていたことが支えです。職人は道具にこだわりを持ちます。齋藤さんも同じです。職人の作業を見ながら、自分の道具を取り出し、技術談義を重ねたのです。

こうして最初の一年間は、現場に入って職人たちと一緒に汗を流しながら一人ひとりの職人と接し、彼らと十分な絆を築くことに努めました。その努力のかいあって現場は齋藤さんと心を通わせ、齋藤さんは職人の思いを理解することができたのです。改革の土台づくりは、現場の理解に始まる。そのよい実践です。

現場を理解しなければ、課題も見つからず具体的な改革案など出てきません。しかも、それまですべての判断を行ってきた緑川社長と現場には〝あ・うんの呼吸〟もあったはずです。それは、社外から入った人にはなかなかわからない部分です。こうした部分を理解して取り組まなければ、改革はぎくしゃくしたものになってしまいます。

今、二年目を経ながら、齋藤さんの取り組みが受け入れられているのは、改革の土台づくりにこだわったからではないでしょうか。職人がこれまで抱いていた社長への不満は齋藤さんが受け止め、解決に当たります。現場の状況を理解した齋藤さんが出す解決案は、職人も納得します。課題が先送りされないことで職人の不満は軽減されるはずです。また、緑川社長にしても、現場の課題解決に忙殺されることなく、新たな事業展開をイメージしながら社外活動に時間を割くことが可能となります。

ハピネス✓ポイント

会社の都合でリストラを余儀なくされた人、あるいは自分から辞めざるを得なかった人の中には才能あふれる人がたくさんいます。緑川社長のように、常日頃から広く周囲にアンテナを張り巡らせていれば、才能あふれるそういう人たちに出会う機会が増えます。内に籠って堂々巡りの思案を繰り返すより、ときにはフットワークを使い、外に出て閉じこもった気持ちを発散させつつ、多くの人材と会うことも大切ではないでしょうか。

とくに、ヒト・モノ・カネなどの経営資源に制約が多い中小企業の場合は、勝手に人材が育ったり、向こうから訪ねてきてくれたりするなどという僥倖は望めないと考えるべきです。フットワークよく外に出ればさまざまな人に出会えます。採用という結果に至らなくても、そうした人材に出会えること自体が、異なる考えに触れる機会であり、ハピネスにつながる可能性を秘めているのです。

人材のベストマッチのためにはフットワークが必要

そして改革が効果を発揮するということは、齋藤さんにとっては、ミナロ入社を決断させた海賊船に乗るという **〝やりがい〟の積み上げ**になります。

一方、もう一人の新戦力である嶋さんは、ミナロに欠けていた会社としての仕組みづくりに取り組みます。嶋さんには、大手化学メーカーで技術者として実績を積み、さらに総務畑に転身後は、企業運営の制度面にかかわった経歴がありました。

「執事というのは要するに事務方で、経理、労働法規関係すべての面倒をみています。社長がいつでも出歩けるように、最終的には給料の振り込みだけやってもらえれば、あとは全部やりますよということです」

嶋さんが入社するまでは、ミナロには成文化した就業規則も労働契約もなかったそうです。おそらく、木型製作という事業の枠を外して社外との交流、部材販売などに活路を見つけ、一心不乱にまい進してきたから、そこまで手が回らなかったのでしょう。

そこで嶋さんはまず、会社としての最低限のルール固めという課題に取り組みました。職務権限規程、従業員就業規則、賃金規定、人事考課手順、表彰および懲戒規定、育児・介護休業等に関する規定など、経営に必要であったり、従業員の福利厚生を支えたりする規則を整えていきます。健康保険、厚生年金などの社会保険にも加入できるようにしました。

これらの取り組みは、一見自由に生きてきた人たちにとっては不自由さをもたらすような感じに受け止められます。ミナロにおいても、自由さに慣れた職人たちから、いや、必要性をわかっている緑川社長からも反発があったといいます。

「今までは、それこそ自由すぎるくらい自由だったので、そういう規約をつくることにアレルギーを示したんでしょうね。それによって縛られちゃうんじゃないかとか、拘束されるというイメージを先に持ってしまうんですね。それをクリアするのに一年くらいかかりました」

従業員は、月々の給料から諸費用が天引きされることに大きな抵抗を示したそうです。

金額が減るというのです。それを理解してもらうために嶋さんは、**実際のメリットを噛み砕いて説明し、納得してもらう努力を繰り返しました。**

社会保険に入ればちゃんとした健康診断も受けられるし、病院で治療代を払っても、その一部は戻ってきます。最初は給料から保険料は差し引かれ、月々の手取り金額は減っても、金額面の損はなく、いざというときにしっかりと保障される仕組みを説明したわけです。

嶋さんは、退職金制度について言葉を続けました。

「退職金を確保するために平成二六年（二〇一四年）八月から中小企業退職金共済にも入りました」

これには、緑川社長からも時期尚早という理由で反対されたそうです。

「働いた先に退職金があれば職人は安心できると、社長を説得しました。従業員に対しては、『ずっと働いていれば退職金が出るから長くいてね』ということです。生活面に安心感をもたらす効果になるかなと思います。入社して一年、やってきたことはまだまだ三合目くらいなので、せめて五合目くらいまで行きたいですね」

先ほども書きましたが、制度や規則という枠組みは、自由さを求める人には敬遠されがちです。いくら従業員のためのものであっても、長い間、枠組み知らずで生きてきた人には嫌われます。そういった意味で、嶋さんの取り組みは、ミナロに大きな変革をもたらすものです。創業から一〇年、それまでうっすらとした細胞膜の中に緑川社長と個性あふれる職人集団が隔てなく一緒だったミナロが、細胞分裂を起こし始めたわけです。制度ができれば、歩調を合わせて社内の機能分化も起こります。機能分化が起これば、互いを結びつける新たな

ハピネス✓ポイント

企業や組織には、一般的に創業期→成長期→安定期→成熟期→衰退期という「ライフサイクル」があります。「いかにワーク・ライフ・ハピネスを生み出すか」については、このライフサイクルの中で、いつも同じようにやっていればいいというものではありません。そのステージによって、具体的な〝仕掛け〟る内容は変わってきます。

まさにミナロの場合、創業期を経て、成長期に向かうあたりで、「外部人材」という革新手段に打って出たわけです。経営者はただ闇雲に手段を講じるのではなく、現在の自社のステージを見極め、時期を見定める目を持ちたいものです。その先に、新たなハピネスの創造が待っています。

なお、何かを仕掛け、社内に新風を吹き込んだら、期間を定め、その効果をしっかり確認することが大切です。〝闇雲〟にならないためにも。

ライフサイクルに合う革新は、新たなハピネスを生む

機能も求められることになります。つまり、ミナロは単細胞的一体感でまい進してきた時代から、組織を必要とする段階へ歩を進めたことになります。しかし、その歩の進め方は、制度ありき、規則ありきの発想から組み立てられたものではなく、職人の働きやすさ、緑川社長の動きやすさを優先して組み立てられてきていることに意義があります。

それは、ワーク・ライフ・ハピネスにおいて最も重要な点です。当然、制度や規則のなかった時代にもハピネスはありました。自由に働けるという環境が職人のハピネスをつくり出していました。しかし、嶋さんの整えた制度や規則がそれを邪魔することはありません。以前のハピネスの上に、生活面の安心という新たなハピネスが加わった格好です。ハピネスの積み上げと広がりがもたらされたのです。

こうして見てくると、齋藤さんと嶋さんが推進する改革の先には、経営者、職人、そして社外からミナロに加わった齋藤さんや嶋さんそれぞれの三者三様のハピネスが見えてきます。

ハピネスリスト

- ☑ 組織や業界の風習に埋没しない〝発想の転換〟が導く変革
- ☑ 状況に対するプラス思考と思考のオープン性がハピネスを呼ぶ
- ☑ 自由な時間は、職人の本能を覚醒する
- ☑ 経営者は自分の夢を自信を持って語り、行動できるか
- ☑ 人材のベストマッチのためにはフットワークが必要
- ☑ ライフサイクルに合う革新は、新たなハピネスを生む

ケーススタディー03

株式会社リツアンSTC

業界のブラックボックスを〝見える化〟し、ハピネスを呼び込む

手数料情報の開示と低手数料化で派遣社員の心をつかみ、会社にハピネスの花咲かす

プロフィール

所在地：静岡県掛川市
代表者：野中久彰
資本金：300万円
事業内容：特定労働者派遣事業、有料職業紹介事業
ＨＰ等：http://www.ritsuan.com/

■仕事が楽しみと思える会社

「仕事が楽しいと思っている人が本当にいるんだ。僕は今まで思ったこともないよ」

これは、とある会社で経理・総務を任されている田中吉美さんの夫の言葉。田中さんがあるとき、「仕事がすごく楽しい」と思わず口にしたところ、返ってきた言葉だそうです。

田中さんの言葉に対するご主人の感嘆ともいえる驚きが感じられます。それと同時に、田

中さんが発した「仕事が楽しい」という言葉には、魅力あふれる職場のよい香りがします。

〝とある会社〟というのは、静岡県掛川市にあるエンジニアを派遣する技術系人材派遣会社リツアンSTC（以下、リツアン）のこと。田中さんはここで毎日、楽しく仕事をしているというのです。


同じくリツアンで営業として働いている松浦秀樹さんも、

「仕事が大好きです。会社に出てくるのが楽しくて仕方ありません」

と明るい声でいいます。


元気に仕事をして、給料をもらって楽しい生活を送る。働く者の理想です。ワーク・ライフ・ハピネスもそこに存在します。ところが、ハピネスに縁遠い職場は多くあります。今回紹介するリツアンの主業である派遣業界には、〝不透明な手数料〟というブラックボックスがあり、不満の声を耳にすることがあります。


田中さんと松浦さんはリツアンの社員であっても、派遣社員ではありません。会社運営にかかわる部門に所属しています。ところが、リツアンから他の企業に派遣されている社員の方からも同じようにハピネスを感じているという話を聞きました。鈴木祥さんは、

「前の会社で契約社員をやっていたときは、自分のことしか考えていなかった気がするんで

す。しかし、今は派遣先の会社で働いているときも、ふと、リツアンでこんなことをやってみたいな、などと考えることが多くて、モチベーションが全然違いますね」

かつて所属した別の派遣会社との満足度の違いを話してくれました。もう一人、レンドリース・ジャパンに派遣されている片桐雅人さんも、ワクワク度の高さを口にします。

「どうやったらリツアンが現状よりよくなるか、仲間内で面白い意見がポンポン出てくるので、それを聞いているときが一番楽しいですね。ワクワクする話題ばかりで、ネガティブな話は一つも聞いたことがないんじゃないかという感じです」

二人の話を聞いていると、「おやっ⁉」と思います。派遣として働いている以外の部分、どちらかというと派遣先で専門性を発揮すればよいという面とは離れたところに満足するものを得ているようです。一般的な派遣では、業務の目的が定まっていて、その業務を決められた時間でし終えればいいという考えに立つのではないでしょうか。しかし、リツアンの派遣業務に携わる社員は違います。派遣先で働くという〝通常業務を超えた〟範囲にまで意識が広がり、そこでも高いモチベーションが得られています。ということは、派遣社員の核になる専門業務においても十分な満足が得られているのではないかと想像できます。

派遣社員には、一般派遣と特定派遣の二種類があります。

前者は、派遣会社に個人登録して、契約会社の斡旋で派遣先企業に出向いて働くものです。このタイプに対して後者は、派遣会社に社員として入社した人材を派遣するというもので、リツアンの派遣社員は主に後者です。そういう意味では、一般の人が抱く派遣会社のイメージではなく、通常の企業と同様、社長や経営陣と社員との関係性が感じられる企業形態です。

つまり、「社員」として入社したエンジニアをヤマハ発動機や日産、ＮＥＣなどの製造業大手、あるいはＩＴメーカーに派遣しているということです。

■手数料のブラックボックスを見える化する

さて、派遣業界の〝手数料のブラックボックス〟とは何でしょう。と、その前に、日本の派遣業界の実態を少し紹介しておきましょう。

平成一五年（二〇〇三年）、小泉内閣の施策によって終身雇用制が崩れ、非正規社員の雇用が促進されました。それにともなって、多くの派遣業者が雨後の筍のように出現し、現在に至っています。

この政策には、雇用の活性化を促進するねらいがあり、一企業に縛られず、個人の職場選択の自由度が高まることが期待されました。しかし、企業と個人の力のアンバランスからか、職場選択の道は必ずしも広くはなりませんでした。逆に、企業による派遣労働への搾取構造が見え隠れし、非正規社員となった派遣労働者は不遇に扱われるケースが多く取り沙汰されています。

例えば、給料はクライアント企業から支払われる派遣対価から四割から五割が差し引かれた額となります。派遣労働者にとってさらに大きな不安材料は、「派遣切り」「雇い止め」、すなわち突然の契約打ち切りは当たり前で、多くの派遣労働者は、厳しい緊張感の中での労働を強いられているのが現状です。

派遣労働者は日本経済を下支えする大事な存在。にもかかわらず、正規労働者より給料も地位も一段低く見られているのです。能力が高いのに、低い給料。将来に対する生活設計もままならないのが派遣労働者です。そうした状況をつくり出しているのが、パーセントの高い手数料というわけです。

こうした派遣労働者に厳しい派遣業界に一石を投じたいと一念発起、自ら派遣会社を起業したのがリツアン社長の野中久彰です。平成一九年（二〇〇七年）九月のことでした。

野中社長は大学卒業後、大手技術系人材派遣会社に就職しました。派遣業との長いつき合いの始まりです。ところが、そのつき合いは、けっして明るいものではありませんでした。

時代の要請から注目されていた仕事に夢を抱いていた野中社長ですが、実際は人材派遣業界のグレーな現実を痛いほど知ることになります。

何より驚いたのは、前述したような派遣社員の給料の低さ。仮に、派遣先企業からエンジニアの派遣に対して月六〇万円が支払われるとします。派遣されたエンジニアに対する支払いはここから手数料が引かれた額になります。手数料が三〇パーセントとすれば、四二万円の支払い。しかし実際に手元に残るのはさらに少額です。税金や社会保険料が差し引かれるので、手取りは三〇万円前後です。

これでは派遣会社が搾取しすぎだと世間から非難されるのも当たり前だ。野中社長は憤りを感じたといいます。派遣会社は派遣社員を一個の商品としてしか見ていません。派遣社員からすれば、派遣会社

は自分たちの給料から多額のお金をピンハネしている元締めのような認識になります。

「派遣社員を安い給料で雇って、高い派遣料で売れ」

「できるだけ利益率を上げるようにしろ」

こうした言葉を野中社長は、上司からさんざん聞かされたといいます。野中社長が働いていた数年間、派遣社員の生活の質や幸福感などが会社で議論されたことは一度もなかったそうです。そんな企業風土では会社と派遣社員の間に幸福な関係が成立する余地など生まれるはずもありません。

不満の多い状況の中に身を置きながら、野中社長は「派遣会社の取り分を少なくすれば、派遣社員は前向きに働ける。そんな派遣会社をつくれば絶対に成功する」と考えるようになります。そこで、**設定が不透明といわれている手数料を改善し、派遣会社と派遣社員が共に成長していける仕組みをつくりたい**と希望を抱いたのです。

リツアンのハピネスロードの始まりです。

■手数料と給与計算の仕組みを完全公開とその効果

野中社長がまず考えたのは、派遣社員の給料をすべてオープンにすることでした。

リツアンのホームページには、次の二つの情報が公開されています。

・マージン率

ハピネス✓ポイント

ブラックボックスはいたるところに存在します。その中で何が行われているか、何が起こっているかわかりません。わからないほうがよい場合もありますが、何か不都合が隠されていることもあります。派遣労働者にとっては、自身の労働の対価が適切かどうかを知るためには、手数料のブラックボックスは開けられたほうがよいわけです。仮に、問題が何も隠されていない場合でも“見える”ことで安心が担保されます。派遣先企業からの対価がいくらなのか、そのうち自分にはいくら支払われているのかを知ることで、自分の所属する派遣企業への信頼も湧くはずです。

ハピネスは明るい光のもとに育つものです。ハピネスを勝ち取るには、ブラックボックスを取り去ることは絶対です。読者のみなさんの会社や組織には、何かのブラックボックスはありませんか？　社内や業界内、いずれでもいいのですが、もし、ブラックボックスが存在していて、手をつけてはならないという暗黙の決まりなどがあったら、一度見直しを行ってください。

組織内に潜むブラックボックスを取り払うことがハピネスにつながる

・予想給料の早見表

これらの公開情報からは、派遣社員の能力ごとに全体の給料やリツアンの手数料、そして、派遣社員の手元に残る金額が簡単にわかるようになっています。

ホームページは不特定の人が訪問してきます。そこに、ここまでの情報を公開している派遣会社はあまりありません。

「給料に対する不満はやっぱり大きいですね。以前は、派遣先から派遣元に入るお金と、そこで働く人に入るお金のギャップをずっとおかしいな、おかしいなと思ってやってきました。その点、リツアンはすごく透明性があります」（鈴木さん）

ホームページで給料が明解にされていますから、派遣業界によくある「実際に入ってみたら話が違う」という支払い面の不満が出るはずもありません。

一般的に大手派遣会社の手数料率は平均で約三八パーセント。多いところでは、四〇～五〇パーセントの会社もあるそうです。これに対してリツアンは、二三パーセントと平均より一五パーセントも低くなっています。

創業以来、野中社長と共にリツアンの成長を支えてきた東京支社長の平野専務は、次のように語っています。

「鈴木の場合などは、他社の派遣社員さんと比べると、手取り金額が倍ぐらい違っているはずです。派遣で働く人にそれだけ支払っても、うちはやっていけます。他の派遣会社の中抜きのパーセントが大きすぎるんです。だから、悪くいわれる。私たちはそうしたマイナスイメージを変えていきたいと考えています」

給料が高い。それがリツアンの大きな魅力の一つです。ですから、最初は給料目当てで来る人が殺到するのはわかります。しかし、給料が高いから社員がハピネスになれるかというと、そういうわけでもありません。ハピネスになれるには会社の存続が前提です。

派遣で働く社員を給与面で優遇すれば、会社が得る利益は少なくなります。つまり、薄利。会社には、派遣以外で働いている人たちもいます。会社の利益は、こうした会社の運営に携わる社員の生活のためにも必要です。

ですから、会社が薄利で急成長できるかというと、これはそのままでは不可能です。一般的には、自転車操業を余儀なくされ、その果てに立ち行かなくなるケースがほとんどです。薄利で健全経営を目指すには、優秀な派遣社員をたくさん抱え、安定した依頼がなくては不可能でしょう。現在、リツアンに所属する派遣社員数は二〇〇人。大手に比べれば少ない人数ですが、会社経営に不足はありません。

つまり、**薄利でも有能で、専門性の高い派遣要員がそろえば会社経営は成り立つ**ということです。有能な人材を十把一絡げにしたような表現になってしまい失礼ですが、目指すは「薄利多売」。有能な人材の宝庫を目指しているのです。

野中社長が考えたのは、**会社の発展と社員の生活の向上が比例する会社**です。厚遇に魅力を感じてリツアンに入った社員は、当然、自分たちが高い給料をもらっていることに満足するはずです。

自分の専門性が生かせて、それに見合った給料が得られれば、不満が生じる可能性は低くなります。それは逆に、会社に対する信頼感を醸成することになるはずです。信頼感が育てば、自分の仕事だけではなく、会社のさまざまな面に関心が広がることも期待できます。リツアンはまだ新しい会社。創業から走りに走ってきた時代からようやく安定成長に向かう過渡期にあります。整えていかなければならない課題も見えてきます。社員の目にそうした課題が映らないとは限りません。

そうした**課題が経営と社員の間で共有できている**のがリツアンです。

また、不満の軽減は自分の生活に対しても余裕を生み出します。この余裕もまた、自分自身を振り返る時間のゆとりとなります。あとで紹介しますが、その中に、自分の本来の欲求を見つけ出す社員もいます。ここにも派遣業界のブラックボックスを取り払ったことから生まれた好循環を見ることができます。

野中社長のリーダーシップは、そうした社員の心の奥にある欲求をも引き出しているのです。

ハピネス✓ポイント

疑問点が解消されれば、それまで縮こまっていたモチベーションは高まります。組織の場合、その高まったモチベーションを会社方針というベクトルに向かわせることが必要です。リツアンの場合、社員の個人的な夢に寄り添っています。すると、社員は「夢は叶うもの」という実感が得られることになります。

少しでも夢に近づく手助けが得られる環境では、働くことに躊躇はなくなります。それはベクトルをそろえることへの近道でもあるのではないでしょうか。

そのためには、リツアンのように給与制度の公開などという手法もあるでしょう。いずれにしても、組織内に何かしらの〝疑心暗鬼〟のエネルギーが存在していてはモチベーションも上がりませんし、ベクトルなどそろいようがありません。

いかにして社内の疑念を払拭するか

■会社を支える派遣社員は多くの役を演じている

給与水準を上げることで派遣社員は生活面においてはハピネスに近づくことができます。モチベーションも高まります。一方で会社はというと、手数料を抑えた分、グロスマージンが減り、経営の難しさが生じることになります。「会社の発展と社員の生活の向上が比例する会社の実現」を目指す野中社長にとっては思案のしどころなのではないでしょうか。

そこでまず、**派遣業の特権ともいうべき特質を生かします。**

社員の多くは派遣先の職場で仕事をします。つまり、自分の会社では基本的に働かないので、そのためのスペースは不要です。したがって会社としては、大きな社屋は持たなくていいということになります。リツアンも本社は掛川で、広いスペースを有しているわけではありません。大きな社屋を持たず、最小限の事業所と人員で運営するという節約ぶりを発揮しているのです。これだけでもだいぶ経費の節約につながります。

さらに、営業にも特徴的な節約術があります。

営業職の社員は先に登場した松浦さんをはじめ五人ほどいるのですが、**派遣されている社員のみなさんが実質的営業も兼ねているというのです。**

どういうことかというと、派遣先で実績を積んでいる派遣社員の耳には、その会社の新規の仕事情報がいち早く伝わり、営業部員がわざわざ新規仕事を探しに行かなくても、仕事の方から寄ってきてくれるというのです。なぜ、このような構造が出来上がったか、その理由は明らかです。派遣社員の質が高く、さらに厚遇されている派遣社員は、職場で迷いなく働きます。その真摯な仕事ぶりは派遣先企業で高い評価を得るはずです。いや、実際にリツアンの派遣社員はそうした評価を受けているのです。あとで触れますが、派遣先企業からは「社員にならないか」という誘いを受けることも頻繁にあるというのです。

このように評価されている社員がいる派遣会社なら、新しい仕事においても力を発揮してくれるだろ

うと派遣先企業が考えるのは自然なことです。そうした情報が派遣社員からリツアンの営業職に伝えられ、新たな契約へとつながっていくのです。

営業職は最後のまとめとして動くだけ――こうした効率のよい仕事の獲得もリツアンの経営を支えています。これも会社が、派遣されている社員から信頼を得ているからにほかなりません。

もう一つ触れておかなければいけないのが、**派遣社員＝ＰＲマンという役回りが自然に出来上がっている**ことです。ＰＲして何をするかといえば、人材の獲得です。

多くの派遣会社は、人材を獲得するにはハローワークでの募集のほか、人材採用サイトや求人誌などに人材募集記事を載せます。人材採用サイトや求人誌での募集では当然費用がかかります。こうした広告は一回で済むものではなく、何回も行います。小さなスペースでの広告でもそれ相応の費用がかかることを考えれば、回数が増えれば馬鹿にならない金額になります。

ところがリツアンでは、この費用が不要。これも会社運営を支える大きな力になっています。今、リツアンには、ＰＲ・採用チームが会社公認で発足していますが、正式なチームになる前から、派遣社員が自主的な活動としてＰＲは行われていたというのです。

「厚遇することで、社員がうちの会社を好きになってくれる。好きになると会社のことを広めたいと思うでしょう。そうすると、一緒に働いているほかの派遣会社のエンジニアに自分の会社のことを話します。話を聞いた人は、同じ仕事なのに給料が五万円から一〇万円も違うならリツアンに行きたいと思い始めます」（野中社長）

会社が無理に、「人材を見つけてこい」と指示しているわけではありません。**派遣で働いている社員自らが、自分が感じたリツアンのことやホームページで紹介されている給与水準の高さが本当であることを伝えているだけ**なのです。他社で不満を抱えながらも、生活のためには仕方ないと諦めながら働いている人にとっては、一筋の光明に出会ったようなものです。

リツアンのような、まだ規模の小さな会社では大手と同じ仕組みで対峙しても勝てるはずがありません。そもそもが、大手派遣会社で不透明さを感じた手数料設定の見える化を行って発足したリツアンです。**アイデアが勝負を分かつ生命線**です。派遣社員の採用において、派遣社員自身がリクルートの役を担ってくれるリツアンでは、エンジニア二〇〇人が、そのまま二〇〇人の強力な人事スタッフでもあるのです。

こうした派遣社員が派遣社員を紹介するシステムが良好に機能し始め、それが進化した形として前述した「PR・採用チーム」(東京支社)が発足したわけです。

「PR・採用チーム」では、現在Ｆａｃｅｂｏｏｋで社員有志が近況を紹介するなどしていて、仲間と一杯飲む姿や余暇を楽しむ姿を投稿しています。また、ツイッターでは派遣先会社の新しい仕事で人手が必要になっているという求人情報まで流しています。

実は、リツアンのエンジニアの嗅覚は人事にだけ働いているわけではありません。

「うちはエンジニアがお客さんを紹介してくれるんです。営業マンがエンジニアと飲みに行って、エンジニアに『この会社に行ってみて』といわれて、実際に営業マンが行ってみると、お客さんが発注してくださるということもよくありますね」

普通の派遣会社では考えられないようなことが起きているわけです。リツアンがいかに業界の常識を破っているかがわかります。

■飲みニケーションから生まれ、形になるアイデア

アイデアは誰もが持ち得るものです。しかし、そのアイデアで既成概念を打ち破ったり、新たな経営の機軸を組み立てるのは容易なことではありません。**アイデアを形にし、強力に推し進める実践力が必要**になります。こうした実践力に支えられたアイデアであっても時代

のニーズに沿わないものであれば、それはアイデア倒れに終わるかもしれません。
しかし、**野中社長のアイデアは時代の核心を捉えたもの**でした。
小泉内閣によって雇用・就業の自由化は派遣業界に大きな力をもたらしました。その大き

ハピネス✓ポイント

どんな仕事でもプロ意識は大切です。プロ意識が持てないということは、その仕事に意欲を欠いているか、何か不満があることになります。それでは、企業にとって戦力とはなりません。しかし、たった一つの不満の解消がその社員の意識改革に結びつき、戦力化することがあります。リツアンでは、給与面の不安が解消され、派遣社員の視野の広がりが見られます。経営を支える活動にまで自主的に参加したいという意識の高まりがあります。つまり、仕事におけるハピネスが得られているからこそ、ここまでの自主的な活動ができているのではないでしょうか。会社が求めたのではなく、社員自らが行動しているところが注目です。不満は給与などの待遇ばかりに潜んでいるわけではありません。

経営者は、〝不満〟と単なる〝ワガママ〟の違いを見極め、本当に社員のために解消すべき問題に気づいていけば、戦力になる人材は自然に育つのです。

組織内の不満が解消すれば、人は育つ

な力で守られた手数料のブラックボックス化は不信を抱きながらも、誰もが手を付けなかった領域でした。

しかし、野中社長はそこに切り込んだ。社会が待ち望んでいたことをやり始めたわけです。業界をおおう大きな力に対抗できる社会力を手に入れたことになるのではないでしょうか。

専門性の高い技術系の派遣業界では若者が多くを占めます。手数料の低い利率、公明性はその若者に支持されて、今日の成長を迎えているのです。

ここで一つ考えてみたいと思います。

アイデアが社会に支持されれば事はうまく行き、会社はハピネスを得られるのでしょうか。これは否です。一人で実践するわけではありません。集まってきた人たちとのコミュニケーションが円滑に行われなければ、アイデアの元にある本来の目的を伝えることなどできません。おそらく、アイデアの空回りになってしまうでしょう。

リツアンでは、野中社長の個性、キャラクターがコミュニケーション醸成に大きな力を発揮しています。

今日は静岡、明日は東京、明後日は……という感じで、野中社長は各地の派遣社員に頻繁に会いに行くのです。すると、派遣されている社員も「社長に会いたい」という気持ちが湧いてくるといいます。社長と会って、酒を飲みながら将来を熱く語り合いたいと思うというのです。

近年ではすっかり耳にしなくなった昭和の企業風土〝飲みニケーション〟が野中社長の真骨頂です。それも仕事上の不満を慰め合うという〝陰〟の飲みニケーションではなく、**夢を語り合い、リツアンが成長するためにどうしたらいいかを語り合う〝陽〟のコミュニケーション**です。アルコールの力を借りなければコミュニケーションがとれないわけではありません。しかし酒席は、例えば、**思い悩んでいることや自分ではいいアイデアだと思うけれど話したら笑われそうなことでも口にできる雰囲気を醸し出してくれます**。そうした場では、アイデアは出やすくなります。若者の多いリツアンの飲みニケーションの場は、熱いアイデア交歓が行われ、自由発想から生まれるユニークなアイデアが飛び交っています。

こうした場を活用して野中社長は、リツアンの企業理念である「会社の発展と従業員の生活の向上が比例する会社」が建て前でないことを伝え、逆に会社を前進させるためのアイデアを社員にも求めます。この求めに応じて社員は、会社をよくするために自分にできることを考えるようになるのです。一つの〝気づき〟の促進です。そして一体感を生み出す効果も表れます。ここにリツアンにおけるワーク・ライフ・ハピネスの出発点の一つが見えるようです。

自由な発想は夢を育てます。派遣社員というだけで夢を持てなかった人が夢を持てるようになり、リツアンを成長させたいと願ったり、あるいは派遣社員の地位向上、イメージ向上に役立つことはできないかと考え、行動したりするようになるのです。その自由発想から出てきた個人的なアイデアを会社がバックアップして実現した事業があります。

「飲食店のオーナーになりたい」

ある契約社員が仕事とは無関係な、自分の個人的な夢を語ったといいます。それに対して、野中社長が呼応したのです。

掛川市のリツアン本社近くにバル「KAKEGAWA一番地」を開店。夢の実現です。

おそらく、「それ、面白いね」というだけのアイデア採用ではなかったはずです。派遣社員はバラバラな派遣先で働いています。野中社長の心情を察するに、そうした社員が一堂に会せるところがほしかったという理由もあるのではないでしょうか。飲みニケーションを情報交換やアイデア活性の手段としているリツアンの考え方からすれば、誰もが受け入れられる開店だったはずです。

しかし、普通の企業では考えられることではありません。意外性に満ちています。こうした意外性を実際に表現できるのも野中社長の魅力を形づくっています。

現在、「ＫＡＫＥＧＡＷＡ一番地」は繁盛し、リツアン社員の情報交換の場としてだけでなく、シャッター商店街となりつつある掛川の地域へも光明をもたらしています。

ハピネス✓ポイント

個人事業者であっても、常に周囲と意思の疎通を図る必要があります。日本はもともと小さな閉鎖的なムラ社会の集合体で、人はムラから外の世界とは無縁に生活でき、そういう環境で身に付いた習慣は現代人にも引き継がれています。言葉少なでも成り立つ環境ならそれでもいいのですが、現代社会では通用しません。かといって、理論的にコミュニケーション力を身に付けるということもなかなか難しいことです。

そこで大切なのが話をしやすい環境づくり。リツアンのように適度の飲酒の場というのも一つの手です。手段はいろいろあり、他のレクリエーションなどでもいいでしょう。いずれにしても、それをリードする人の人柄も支えにしながら、打ち解けた雰囲気をつくることで、さまざまなアイデアが生まれることも多くあるのです。しゃちほこばって問題解決を目指し、自分を追い込むことばかりがハピネスにつながるわけではありません。

コミュニケーションの成り立つ環境づくりもハピネスへの近道

リツアンのホームページには、会社がこのような姿勢をとる理由として、「わたしたちは、人材派遣会社ですが、『ハケン』を商いとして『利益』をあげることを目的としているわけではないからです。リツアンの存在理由は、『ハケン』を一つの手段に日本の雇用問題を解決していくことを目的にしているからです」と記されています。

自由発想のアイデアから生まれた「KAKEGAWA一番地」は、〝労働は楽しいものではない〟という暗い認識を明るく染め上げるだけでなく、雇用問題や地域問題へも一石を投じる効果を発揮しているのです。

■プロ意識の高さと人柄のよさが採用基準

リツアンの**派遣社員にとって共に働く派遣社員を増やすことは、いわば同志を増やすこと**。かといって、現在の派遣先での仕事と給料に満足している人をわざわざ引き抜くようなことはしません。能力がありながらも現状に何かしらの不満を抱き、なおかつ一緒に働くに値する人に声をかけているそうです。

「まずは相手を見ます。いいかげんな人はまずいので、しっかり仕事ができる人やまじめな性格の人。そして、いい人だと思ったら、休憩時間のときに話をして徐々に仲良くなり、お酒を飲みに行ったときなどにじっくり話します」

リツアンは自分が好きになった会社。そして、悩みを抱える派遣仲間は、かつての自分の姿でもあります。スキルがあって人間的にも立派な人にもっといい条件で働いてもらいたい。そういう感慨を含んだ気持ちが、リツアンに紹介したい気持ちにつながっています。

リツアンでは現在、全体の約七、八割が紹介で入社にいたったエンジニアです。彼らは当然、人柄もよく、スキルもレベルの高い人たちばかりです。

こうした能力の高い人たちが働きやすいシステムとして「プロフェッショナル契約（プロ契約）」というのがあります。このシステムは、派遣先からの派遣料の多寡にかかわらず、リツアンは手数料を六万五〇〇〇円しか取りません。その代わり、仕事にかかわる管理業務をすべて派遣社員自身が行うというしくみです。要は、個人事業主が日々当たり前のようにやっていることを派遣社員自身が行うもので、一般の派遣会社では事務員が処理するような事務手続きなどもその範囲に含まれます。

こうすることでリツアンの会社としての事務処理の量が減り、総務や経理を担当する事務員が少人数で対応できることになります。ただし、現時点ではプロ契約の派遣社員がすべての事務処理をこなしているかといえばそうではありません。今は将来に向かって少しずつ任す範囲を広げているところだということです。

いずれにしても、リツアンが雇用したい派遣社員像は明確です。能力の高さ、人柄のよさがその基準で、現場で社員採用のために声をかける役を担っているリツアンの派遣社員もそのことは十分認識しています。自身がリツアンで得たハピネスを分かち合える仲間を得るには、厳しい基準も必要です。そうしなければ、派遣社員の質の高さを維持することは難しくなります。

■派遣先企業との良好な関係が新たなハピネスを生む

これまでリツアンが築いてきた派遣先企業との良好な関係もまた注目です。そこには、リツアンにとっても派遣社員にとっても、そして、相手である派遣先企業にとってもハピネスが生まれてきています。

派遣先企業は、リツアンが派遣社員を厚遇していることを知っています。その分、会社が薄利になっていることもわかっていることです。そんなことから、派遣先の担当者から、

「そんなに給料を払っていて、会社はやっていけるの？」

と心配されることもあるそうです。おそらく心配してくれる担当者は、リツアンの経営に

とって必要なのは、優秀な派遣社員を増やすことだということも想像できるはずです。もちろん、すでに優秀な人材が集まっているリツアンに対する信頼感もあります。

こうした状況を踏まえた上での話でしょう。派遣先企業の担当者から、他社から来ている派遣社員を「リツアンで面倒を見てくれないか」という依頼があるそうです。

もちろん、その担当者は人材の斡旋を業務としているわけではありません。おそらく、派遣条件で悩む優秀な人材の状況を憂えての話です。リツアンならば、その人材を大切に扱ってくれる。そうすれば、もっと力を発揮してくれると願ってのことです。

リツアンは逆に、派遣先企業に社員を引き抜かれることもあるといいます。

一般的には、派遣会社は引き抜きを喜びません。派遣会社にとって人材の流出は損失ですから当たり前です。引き抜きが行われるときには、派遣会社が紹介手数料を要求したり、関係している案件を邪魔したりなどの嫌がらせ行為があったりしてトラブルに発展することもあるそうです。

しかし、リツアンの考え方は違います。自社の派遣社員が派遣先企業から誘われて正社員となることを奨励しています。損失のはずなのに、なぜ……。リツアンでは、**派遣先企業で正社員になった人を「出世魚」と呼んでいます。**

派遣先企業は、リツアンの派遣社員が優秀なことは知っています。優秀な人材を求めるのはどこも同じ。必要が生じれば、目の前にいる優秀な人材が気になるのは当然です。声をかけたくなるのもわかります。そうなれば、いくらリツアンのことが好きでも、誘いを受け入れる派遣社員がいても不思議ではありません。

「うちのエンジニアがお客様の社員になって出世していって、派遣会社との窓口になって決裁権を持つようになると、うちの会社のエンジニアを優先的に採用してくれることでしょう。一時的には利益は減りますが、みんながそういうふうに出世してくれて決裁権を持つ立場になれば、派遣の仕事だけじゃなくて面白いことができるに違いないと思うんです。それを狙ってるんですよ、二〇年計画でね（笑）」

野中社長の考えに偏狭さは見当たりません。そこには、リツアンの将来を見越した判断がはたらいています。友達の和ならぬ派遣社員の和が広がり続けるという遠大な計画ですが、現実的にありえるユニークさを感じます。

野中社長の考えの背景には、もう一つ重要な判断が潜んでいます。

二〇代、三〇代であれば働き盛りで派遣先もたくさんあるが、五〇代、六〇代になって同じ派遣先があるとは限らないということです。

「いや、六〇代になったら、派遣先はないと考えた方がいい」

と野中社長は厳しくいいます。派遣社員の将来を考えれば、この課題を何とかしたいという思いが野中社長にはあります。だからこそ**一時的に売上は減っても、派遣先の正社員に請われた人にはどんどん正社員になってほしいと応援しているの**です。

派遣先企業との関係で生じるのは、人材のことだけではありません。ときには、

「この人はしっかり働いてくれているから請求単価を上げましょう」

などといわれることもあるそうです。優秀な派遣社員が派遣先でしっかり貢献しているからでしょう。実際に時給単価のアップが行われたこともあるそうです。

■経営理念のバックボーンは「三方よし」の思想

派遣業界に大きな一石を投じ、成長を続けているリツアンですが、大きなけん引力はやはり、野中社長の問題意識の鋭さと課題解決に対するユニークさではないでしょうか。そうした強い意識とアイデアの源は一朝一夕に身に付いたものではなく、幼少期から積み重ねてきた経験から生まれてきています。なかでも、父親から受けた影響は大きいようです。

野中社長の父親は発想豊かな人で、昭和五二年（一九七七年）、当時としては珍しいピザ

店を掛川に開店します。性格は頑固。何でも自分でやってしまうタイプで、他人に何かを任せることができないという不器用な面もあったそうです。

商売熱心で、年に一度の家族旅行といえば、決まって商売の神様・京都の伏見稲荷。小さい頃に買ってくれた読み物も絵本や漫画ではなく、瀬島隆三、海部八郎、小佐野賢治など昭和のそうそうたる企業人の伝記。企業人の伝記を読ませようとしたのは、将来は自分の片腕として期待したのかもしれません。しかし、商売の“し”の字の意味も解しない子どもにとっては困った父親だったでしょう。

また、掛川市のほぼ中央にある小笠山に土地を買って、集合住宅を建てて移り住み、一つのコミュニティーをつくりたいという夢も持っていたといいます。そこで生まれた子どもたちを支援して出世させたいとまで考えていたそうですから壮大です。このあたりには、単なる商売人ではなく、一城を構え、時代に大きな潮流をつくりたいという野心もうかがえます。

ほかにも子どもの耳には不釣り合いな話をいくつか聞かされたことがあるといいます。なかでもよく覚えているのが、中国の革命家、孫文を支援した日本人・宮崎滔天《とうてん》のこと。

滔天の「人間起きて半畳、寝て一畳」という言葉を何度も聞かされたそうです。どんなに儲けても、結局人間に必要な広さは起きて半畳、寝て一畳だ。それ以上を求めても仕方がないというような意味です。このことに関連して、父親は自分の言葉でもう一つ、野中社長に告げたことがあります。

ハピネス✓ポイント

多くのケースでは、社内の生産性を高めるために優秀な人材は社内に欲しがります。しかし、リツアンのように外部に巣立った人材が会社の利益につながることもあるのです。そこで大切なのは、三者の信頼関係。元会社と羽ばたいた社員の間に信頼関係がなければ、きっと遠くに去り、元会社には損失しか残りません。信頼関係のなかった社員が取引先に行けば、もしかしたら、その取引先を失うことになるかもしれません。リツアンと派遣先企業、そして社員の間に存在するような信頼関係があれば、そこでの人材移動は、それぞれに利益を生み出し、ここで紹介する「三方よし」の構図を描くでしょう。そのためにも、不満を口にしやすい環境づくり、顕在化する不満には早急な対策が必要になるのです。

人生は〝出会い〟と〝別れ〟の二つに集約されるという話があります。そういう意味では、リツアンのように〝別れ〟をハピネスにすることは、回り回って、ハピネスが自社に帰ってくるというものです。

人材は囲い込まない。羽ばたく人材がハピネスを呼ぶ

「お前が商売をやるなら、お前の利益を一番最後に持っていけ」

また、リツアンの経営理念である**「三方よし」**の経営も父親の影響だそうです。三方とは、会社、社員、お客様の三者（三方）のことで、この三者がすべて良好な関係を目指すというものです。

いずれも、リツアンで実践している派遣社員優先で考える給与体系、薄利での経営につながる教えになっています。社員、派遣先企業、そしてリツアンの三者がそれぞれ利益を得て、ハピネスにならなければ三方よしにはなりません。

さらに、掛川市に連綿と息づく二宮尊徳の報徳の精神も忘れてはいけません。尊徳の教えは、「勤労・分度《ぶんど》・推譲《すいじょう》」の三つからなります。私利私欲に走らず誠（徳や仁）をもって勤労を行い、無駄をなくして贅沢をつつしみ（分度）、残った剰余を他に譲る（推譲）という考えです。おそらく野中社長の体には、幼い頃からこの考えが沁みこんでいるのでしょう。経営判断のあちこちに見え隠れしています。

■会社の発展と従業員の生活が共に向上する会社

リツアンは創業から八年が経ち、派遣社員も二〇〇人を超え、売上も一〇億円の大台を突破しています。取引会社もヤマハ発動機（静岡）、アイシン・エイ・ダブリュ（愛知）、トヨタ車体研究所（愛知）、日産（神奈川）、いすゞ自動車（神奈川）、ＫＤＤＩエンジニアリング（東京）、レンドリース・ジャパン（東京）、ＮＥＣ（東京）、ソフトバンクモバイル（東京）と製造業やＩＴ企業の大手がズラリと並んでいます。現在、常時五五〇人ほどの供給不

ハピネス ✓ ポイント

派遣業における手数料改革に結びつく思想的背景が見えます。自分に必要な分は最小限度のものでいい。それ以外のものは周囲に役立てる。また、自分の利益は一番最後に持ってくるという教えは、野中社長の派遣業そのものの根幹を形づくっています。「他者を生かす」という教えは父親から受け継ぐものだけではありません。母親の言葉やその生き方に見つけることもできるはずです。女性の子を育てる姿は〝無償の愛〟そのものです。ここにも、野中社長の実践に結びつく教えがあります。おそらく、周囲の物事や人の言葉の中にも気づくところがあるはずです。自分の生き方や考え方を振り返り、心に響くことを十分に噛みしめれば、そこに他者を生かす教えを見つけることができるはずです。

会社の利益より社員の利益を優先することがハピネスにつながる

足が続いていて、会社の公式ツイッターでも求人募集を広く行っています。

大手派遣会社のできないことをやるという野中社長のもくろみは的中したのです。

「三年の内には、売上三〇億円くらいまで行きたいし、けっこう行けるかなとも思っていま す。どんな会社でも、最初は成長率がゆっくりですけれど、あるとき、いきなりビッグバンが来る。そのタイミングなのかなという期待感はあります」

ビッグバンの期待に胸をふくらませる野中社長ですが、それと並行して、リツアンの派遣社員との将来を見据えた夢はますます広がっています。

リツアンの経営理念が「会社の発展と従業員の生活の向上が比例する会社」であることから、野中社長はリツアンの社員にもっと夢を実現してほしいと考えています。

「派遣社員はただ単にお客さんのところで働いて利益を生む存在ではなく、もっと経営の内部に彼らを入れてやりたいですね。すると、派遣社員が二〇〇人いたら二〇〇のアイデアが出てくるでしょう。もっともっと面白いことができるはずなんです」

そうした派遣社員の夢＝アイデアを実行に移し、成功したら将来的にはリツアンの別会社をつくって上場したいというのが野中社長の夢です。そうすれば一国一城の主がたくさんできるわけで、そうなると、中央にリツアンがあり、社員がつくったベンチャー企業が周囲に存在する、いわゆる「リツアン・ユニバース」のようなものができます。

野中社長が次に目指すのは、社会的な働きかけ。その根底にあるのは、派遣社員のイメー

ハピネス✓ポイント

大手企業に入り、終身雇用で働くというのが、日本の典型的な安定志向の考え方です。いくら職場選択の自由が叫ばれたところで、多くの日本人の意識には、こうした考えがあります。この一般的な考え方を根本から変えようとはしないのが野中社長の柔軟さです。派遣業を中心にして多業種企業のグループ化。リツアンからそうした企業への派遣は、これまでの派遣のイメージを変革します。社員のアイデアから生まれたバル「ＫＡＫＥＧＡＷＡ一番地」を例にしても、リツアン・ユニバースは不可能ではありません。

リツアンは社員のアイデアを実践することで、次への一歩を踏み出しています。実践はさらに大きなアイデアを生み出します。ひとつの課題が解決したからといって、そこで止まるのではなく、次のビジョンに結びつけていくことが重要です。まずは大きなビジョンを持つこと、そしてそこから逆算して日々のマイルストーンを決定・実行していくことが、その先のハピネスにつながるのです。

ビジョンを持って、そこから逆算する

ジアップです。

「彼らが『社長、結婚できません』といってくるんです。交際している彼女の両親に契約社員とはいえないといって悩んでいる。いくらエンジニア系の派遣社員で待遇がいいといっても、いわゆる派遣社員という位置づけでは、相手の親はいい顔をしません。そこを、どうやってクリアしていこうかというのが課題です」

派遣社員が堂々と「私は派遣社員です」と公言できるようになったときが、派遣社員にとって真のハピネスが獲得できたときだといえるのかもしれません。まだまだ先の話かもしれませんが、野中社長であれば、そんな世の中を実現させてくれそうです。

ハピネスリスト

☑ 組織内に潜むブラックボックスを取り払うことがハピネスにつながる

☑ いかにして社内の疑念を払拭するか

☑ 組織内の不満が解消すれば、人は育つ

☑ コミュニケーションの成り立つ環境づくりもハピネスへの近道

☑ 人財は囲い込まない。羽ばたく人材がハピネスを呼ぶ

☑ 会社の利益より社員の利益を優先することがハピネスにつながる

☑ ビジョンを持って、そこから逆算する

ケーススタディー04

株式会社浜野製作所

コミュニケーション能力がワーク・ライフ・ハピネスを実現する

経営者が呼び入れた新鮮な〝風〟受け社員はイキイキ、会社はハツラツ

プロフィール

所在地：東京都墨田区
代表者：浜野慶一
資本金：1000万円
事業内容：精密板金、レーザー加工、金属プレス、プレス金型製作、機械加工、開発設計、OEM／ODM、各種アッセンブリ、ジグ製作、試作品製作
ＨＰ等：http://www.hamano-products.co.jp/

■社屋の外観に、ホームページに、ハピネスが弾む

東京の新たなランドマークとなった東京スカイツリーのふもとを走る京成押上線の八広駅を降りて一〇分ほどの住宅街。そこに、ひときわ目立つ赤と黄の建物が数棟並んでいます。精密板金加工や金型製作、プレス加工、溶接などを手がける金属加工メーカーの浜野製作所です。町工場は地味な灰色のコンクリートの建物という常識を打ち破り、元気な会社にした

いということで、浜野慶一社長自らが色合いと配色を発案したといいます。

同社のロゴはもちろん、そのホームページもまた、まるでフェラーリ・ロッソ(赤)を思わせる色鮮やかな赤が基調です。トップページにはやはり赤い作業着を着た社員たちの笑顔が並び、「設計力×加工技術×おもてなしの心でお客様の〝こんなものがほしい〟をカタチにいたします　お任せください!」と力強いメッセージが発信されています。試しにホームページの「スタッフ紹介」ページを覗いてみると、次のような言葉が並んでいます。

「仕事のやりがいや嬉しいことは、他の人ではなかなかできないような金型の微調整によって高精度の製品を作り、お客様に喜んでいただくことです」(徳永高弘さん)

「スピードも含めて最高の仕事を目指しています。そういう仕事が出来て、お客さんから『助かった』という声を頂いたときは、とてもやりがいを感じます」(豊嶋三男さん)

「浜野製作所には、良い職人さんがいっぱいいるから、プレスの技能やノウハウを若い人達に伝えていって、陰ながら会社を支えていきたいよね」(斉藤昇さん)

「今までで一番自然体でいられる、まさに天職のような職場に出会えたと思っています」(原田直子さん)

強い赤や黄で彩色された工場群の外壁と同系の色を基調としたホームページ、そして、そのホームページにつづられた社員たちの声からは、浜野製作所がイキイキした会社であることと、社長の熱い思いの片鱗を知ることができます。

■事業継承で新たな道を探る

浜野製作所のユニークな活動と浜野社長の存在は、テレビや新聞などで取り上げられ広く知られています。しかし、ここに至るまでには、実にドラマティックな出来事がたくさんありました。

それはまた、浜野製作所がハピネスを獲得するまでの物語でもあります。

昭和五三年（一九七八年）に浜野製作所を創業した浜野社長の父親が、がんのために五二歳で亡くなられたのは平成五年（一九九三年）のことでした。いつかは父の跡を継ぐものと考え、板橋区の同業他社で修業していた浜野社長はすぐさま戻り、跡を継いだのでした。そのとき、浜野社長は二八歳。当時は、経理面を担当していた母親と六〇歳を超えた二人の職人、そして浜野社長を加えた四人でほそぼそと仕事を続けていました。

その三年後、今度は母親が急逝します。残ったのは、自分の倍以上の年齢で、よくいえば個性的、悪くいえば癖のある職人たちと自分。どのように経営すべきか、浜野社長は自問します。

浜野社長は**それまでの量産の仕事では明るい未来は描けないと判断。試作品や一品物など少量多品種のものづくりに活路を見出すべく、金型をつくらずに金属部品をつくる板金加工の工場をつくろうと考えます。**そこで金融機関からお金を借り、平成一二年（二〇〇〇年）九月の完成予定で新工場を建設することにしたのです。

しかし、その最中の六月三〇日の朝、近隣で火事が発生。もらい火で浜野製作所の工場は全焼してしまいます。人生最大の危機を迎えた浜野社長ですが、現状を見兼ねて手伝いに来てくれた前の会社の後輩である金岡裕之さん（現常務取締役）と二人三脚で工場を立て直していきます。満足に給料も払えない状況にも金岡さんは不満一つ口にしません。それどころか、金岡さんは浜野社長に対して、

「僕は、金のためにここに来ているんじゃない」

と告げたそうです。この言葉に、浜野社長は胸を打たれます。

「実質的に会社の戦力は、彼と私の二人だけのようなものでした。仕事が入ると二人で夜中まで残業しましたね。ご飯を食べに行くのも、飲みに行くのも一緒。いつも、未来の夢みた

いなものを語り合ってもいました。『こんな工場をつくってこんなことをやりたい』『こんな設備を入れたらどうだろう』なんて――毎日毎日、そんな話をしていたような気がします」

おそらく、二人の夢が浜野製作所の原点を形づくっていったのでしょう。下請けではなく、自分たちがつくりたいものをつくる会社を夢見ることが二人の活力となっていったのです。

それから浜野社長は、**粘り強い営業活動**を続けていきます。しかし、なかなか受注に結びつきません。あきらめかけたある日、何度も足を運んでいたある会社から、〝納期一週間〟という厳しい条件でしたが、仕事が入ります。ようやく仕事を請けることができてひと安心という浜野社長でしたが、何と、それを皮切りに営業回りをしていた他の三社からも同様の納期の短い、いわゆる〝短納品〟の注文が続いたのです。

それからは短納品の受注に活路を見出し、職人も新たに雇い、経営を軌道に乗せていきます。

■インターンシップが会社に変革を起こし、ハピネスをもたらす

何とか瀬戸際からの脱出を遂げた浜野製作所。しかし、まだまだ安泰というには程遠い状態でした。そんな浜野社長に一つの転機が訪れます。

ハピネス✓ポイント

家族的経営が行われている中小企業における事業継承では、主に子どもが引き継ぐことになります。親の事業をそのまま引き継ぐか、はたまた新たな事業に切り替えるか、大いに悩むところです。何を基準にするかで、企業の盛衰が決まります。下請けでは親会社の勢いも大いに関係してきます。

新たな事業への進出も選択肢の一つとなりますが、かといって、簡単に切り替えができるものでもありません。働いている職人が対応できるか、設備投資のための資金はなど、難題は山積みです。このとき大事なのは、ジリ貧は避けるということではないでしょうか。新事業に見通しが立たなくても、ジリ貧状況にある事業は継承しないという判断が重要です。新事業にもさまざまな課題は出てきますが、その先に成功が見えれば前向きに取り組んでいけます。経営やマネジメントを行う際、さまざまな岐路に立つことがあるでしょう。その際に、浜野社長のような判断基準を持つことにより、ハピネスは見えてくると思います。

リーダーは岐路での意思決定をいかに行うかが問われている

平成一五年（二〇〇三年）のある日、浜野社長が購読している新聞にはさみ込まれていた墨田区からの折り込み広告です。それは「フロンティアすみだ塾」を立ち上げるための勉強会の案内でした。フロンティアすみだ塾は、現在、私塾的ビジネススクールとして地域産業の若手育成を目的に開催を続けています。勉強会は、一橋大学の関満博教授（現明星大学経済学部教授、一橋大学名誉教授）が講師を務め、地域の経営者や後継者が集まるという会合でした。

この勉強会が縁で、関教授と浜野社長との交流が始まります。勉強会後の質疑応答の際に、浜野社長は自身の会社の現状を口にし、浜野製作所のこれまでの経緯を聞いた関教授が関心を示したのです。

数日後、会社を訪ねてきた関教授は、「中小企業論」のゼミ生を工場見学に連れてくると約束。しばらくして浜野製作所に、一橋大学の関ゼミの学生が数名やってきました。**ゼミ生と職人たちとの交流の始まりです。交流の様子を見て浜野社長は閃きます。学生たちに浜野製作所でのインターンシップを提案**します。

「当時の職人さんたちはみんな自分の世界に入りこんで新しいことはしたくない、自分の技術は人に教えたくないという人たちばかりでした。まずは、このよどみきった会社の文化、風土を一掃しないと何をやってもうまくいかないだろうと思いました。もしかしたら、この学生たちを会社の中に入れることで、濁りきった水たまりの水を浄化できるかなと考えたの

です」

浜野社長の提案を受けた学生たちは、一橋大学の学生だけではなく、他大学の学生も連れてきます。インターンシップ学生は数十名になり、彼らは営業改革チーム、職人開拓チーム、基準書作成チームなどに分かれて活動を始めました。浜野社長自身も、学生に会社の名刺を持たせて一緒に営業先回りをしたこともあります。彼らが浜野製作所にもたらした効果は絶大で、浜野社長が意図した通り、職人たちの間に変化が現れたのです。

技術について何も知らない学生たちに自分の仕事を教えることで、職人たちは自分たちの技術を客観的にとらえることができるようになっていきます。説明すること自体、職人たちの変化の現れです。閉じこもっていた職人気質が次第に外に向けられていくようになったのです。

インターンシップはその後も継続し、学生たちがやってくることで、職人たちの変化はさらに顕著になっていきます。

また、**インターンシップに参加した学生たちにとっても、自身の人生において大きな指針を得る機会になった**ようです。

今、浜野製作所には大学時代にインターンシップを経験したという社員が数名います。その一人、平成二六年（二〇一四年）四月に入社し、営業部に所属する山下大地さんは、浜野製作所で経験したインターンシップのことを、次のように話してくれました。

「その頃は製造業に興味はありませんでしたけれど、浜野社長という人間に興味を持ったんです。今まで会ったことがない人で、とにかく前に進んでいく突進力というか精神力、そして、周りを巻き込んでいく力はすごいものがありました」

山下さんは大学卒業後、大手金属商社の営業マンとして三年間勤めました。しかし、製品開発・製造の近いところで働きたいという思いが募り、浜野社長にその思いを告げ、浜野製作所で働くようになったのです。インターンシップ生として浜野製作所で触れた製造の現場と浜野社長の魅力に惹かれたのです。

「前職はけっこうバーチャルな世界の印象を受けましたね。商社ですから、いくら物を売って、いくら利益が出ても物のことは知らないんです。例えば、鉄のボルトが一〇〇〇本売れて二〇万円の売上になりましたといっても、僕自身はボルトのことはよく知りません。でも、今は違います。一〇〇円のボルトが売れたら、それをつくっている職人さんも知っているし、メッキをしてくれる職人さんも知っています。まさにリアルな世界で生きているような感じ

ハピネス ポイント

外部刺激はどんなものでも刺激を受けたものに変化をもたらします。浜野製作所を訪れた学生たちは、職人たちに大きな刺激をもたらしたはずです。相手は若さが取り柄の学生。物おじせず、思いがけない質問も飛んできます。これを受けた職人たちはどう思ったでしょう。自分の大事な技術に質問が及べば、嬉しく思う職人もいたでしょう。できるだけわかりやすく答えようとも試みたはずです。これは、意識改革の始まりです。

この変化を見過ごしてしまえば、変革は起こりません。しかし、浜野社長は気づき、インターンシップ交流へと発展を促し、大きな変革をもたらしたのです。

学生との交流だけが外部刺激ではありません。地域交流も変化を起こす大きな力になります。行政との連携もあります。職人の世界だけでなく、内にこもりがちな職場には、こうした刺激を求めることは重要です。

組織変革を起こすには、外からの“風”を有効活用する

で楽しい。それこそが中小企業で働く醍醐味だとも思っています」

■産学連携に参加し、注目を浴びる

東京二三区で唯一大学のない墨田区では、製造業の町工場と有名大学との〝産学連携〟を推進しています。その推進に浜野製作所は手を挙げたのです。

「大学との産学連携なんて、うちみたいな会社ではレベルが違うのでふつうは話になりません。どちらかが歩み寄って声が届くようにしないと、連携なんて実現できないわけです。だからといって〝学〟のほうが降りてくることもない。とすれば、僕らが上がるしかありません。上がるためにはまず、会社の文化や風土を変える。従業員自らが学んで勉強していくような文化や社風をつくらないといけない。こうした考えに抵抗があって辞める職人さんもいました。でも、納得して頑張ろうという職人さんもいました」

浜野社長は当時を振り返ってそう述懐します。前項でも述べましたが、実際、インターンシップや産学連携で若い学生たちと触れ合うことができた職人たちの間に、意識改革が起きていったのです。しかも、残った職人たちは学生たちとの間で、あたかも化学反応を起こしたように、それまで見せたこともない一面を見せるようになります。職人が変われば、浜野製作所自体も変わります。

これが浜野製作所にハピネスが生まれた第一歩なのかもしれません。

浜野製作所の産学連携の産物は、墨田区・早稲田大学・墨田区内の中小企業が共同して開発した電気自動車「ＨＯＫＵＳＡＩ」、中小企業・海洋研究開発機構（ＪＡＭＳＴＥＣ）・大学などと共同開発し、世界初の深海約八〇〇〇メートルでの３Ｄ動画撮影に成功した深海探査艇「江戸っ子１号」として結実しました。

インターシップは今も盛んで、平成二六年（二〇一四年）の夏にはついに海を越えて、はるばるタイからインターン生がやってくることになりました。こうなるともう日本語のコミュニケーションだけでは成り立たず、身振り手振りで技術を教えるしかありません。

「タイからのインターンシップ生は日本語がしゃべれないので、片言の英語でコミュニケーションを取るわけです。聞かれたときにあいまいにしたらダメだし、勉強しなきゃいけない気分になります。作業内容や会社のことをどう伝えればいいのか四苦八苦するうち、自分の仕事をしっかり理解することができるようになるんですね」（山下さん）

現在、浜野製作所では、

●産学官の連携による新しい事業への進出

●地域の工場資源を活用した環境・社会貢献活動

●将来のものづくりを担う子どもたちへの体験学習

●デザイナーとの異業種コラボレーション

など、従来の下請け仕事をこなす町工場のイメージを超えたさまざまなプロジェクトを展開しています。また、日本国内における中小企業のものづくりが縮小していく中、浜野社長は、将来的には浜野製作所から新しい町工場のビジネスモデルを創出し、日本の製造業の発展に少しでも貢献していきたいとも考えています。

今や全国に知れ渡った浜野製作所には、毎日のように、さまざまな団体や多種多様な企業、さらには教育機関からたくさんの人々が工場見学にやって来ます。

こういう状況下で、日常的に工場に同業者や学生など第三者が入り込んできて、彼らが仕事について質問してきたらどうなるか。目の前の部品を黙々とつくっているだけでよかった職人でも、自分の好きなことを聞かれたら答えてやりたくなります。かつては寡黙であった職人も、丁寧な応対ができるまでにコミュニケーション力を高めています。インターンシップで始まった意識変革は今も続いています。

山下さんは、浜野製作所の職人たちの様子を、次のように評しています。

「僕の中で職人さんのイメージって、〝俺の背中を見て覚えろ〟みたいな印象があるんですが、うちの会社では聞きに行けば教えてくれる方ばかりです。年間何百人も工場見学にいらっしゃいますので現場の方も教えることに抵抗感がありませんし、教え方もすごくわかりやすいですね。まるで池上彰さんがたくさんいるようなものです（笑）」

高度な技術力とコミュニケーション能力を兼ね備え、唯我独尊ではなく組織の一員として十二分に機能する。そんな理想的な職人が育つ製造の場が浜野製作所にはあります。

■アウトオブキッザニアでコミュニケーション力アップ

浜野製作所では、インターンシップ以外にも、外部との交流を行っています。なかでも、「アウトオブキッザニア」や「ガレージスミダ（Garage Sumida）」などの新たなチャレンジでは職人たちが活躍する場を得ています。

前者のアウトオブキッザニアというのは、墨田区の下町文化や伝統技能を体験できる子ども向けプログラム企画。子どもたちが実際の仕事現場で実際の仕事を体験できるという、きわめてユニークな職人体験教室になっています。

浜野製作所では、子どもたちに実際の工作機械を使ってもらい、東京スカイツリーのミニチュアをつくるという企画〝アウトオブキッザニアinすみだ「金属加工職人の仕事★メタルツリーを作ろう！」〟を行っていますが、これは大変好評です。

さらに、ガレージスミダは平成二六年（二〇一四年）三月に始まったものづくりの施設で、施設内には3Dプリンターやレーザーカッターなどの作業道具が用意されています。浜野製作所のスタッフが利用者の相談に対応し、さらには浜野製作所や提携する町工場との連携で、個人のものづくりから企業の製品開発まで幅広く対応するというプロジェクトです。

こうした企画で集まった人たちとの応対を通して、職人たちはコミュニケーション能力をさらにアップさせています。

加えて、**職人たちの能力アップはコミュニケーション能力だけではありません。仕事に結びつく技術においても変化が見られる**ということです。

それまで、傑出した技術を持たなかった浜野製作所でしたが、近年は、溶接のすぐれた技術で内外から注目を浴びています。さまざまな交流を通して技術が磨かれてきた結果です。それが、注文の増加にも結びついています。

説明のために必要なマニュアルづくりなども行われ、そうした作業を通して技術の標準化や共有化が図られます。技術の〝見える化〟に向けて、技術の精査がなされたことなども好影響を与えています。

ハピネス✓ポイント

意識改革が継続すると、技術そのものにも変革が起こります。「自分が知っていることを誰かに教える」ということは、教える側においても理解が深まるという効果があるからです。質問を受けることにより、さらに考えたり調べたりすることで、それまで気づかなかった自身の技術の別の面を見つけたり、使える世界にも広がりが出たりします。

いくら優れた技術でも、しまい込んでいては宝の持ち腐れ。実際、自分の知っていることを誰かに話すのは楽しいことです。その技術や知識を伝えるだけでなく、自分自身を理解してもらえるチャンスでもあるからです。職人だけでなく、働く人には寡黙に淡々と仕事を続ける時間も必要ですが、外部との交流も大きな刺激になり、技術の向上・取得に結びつきます。これは企業の業績アップにも直結します。

組織の中で技術や知識の向上・伝承を図りたい場合、「伝える」「アウトプットする」場をどのようにつくるかがカギ。ハピネスを生み出す原動力になるかどうかの分かれ道です。

人に伝える、アウトプットすることで、技術や知識は昇華する

■経営者の社員に任せる勇気が人材を育てる

数々のユニークな試みを実践し、浜野製作所を倒産の危機から立て直した浜野社長ですが、その〝歴史〟をつくり出しながら、浜野社長自身も変貌を遂げてきています。

「社員もお客さんも増えてきて、五次、六次下請けだった会社が一部上場企業から直接仕事をいただくようになってきて、自分の仕事に多少なりとも誇りが持てるようになってきました。昔も仕事に誇りを持っていなかったわけではありませんが、もうちょっと頑張れば、この先に違う景色が見えてくるのかなということが何となくわかるようになってきました」

将来が見えてきたことで、浜野社長も今、変わろうとしています。

かつては何から何まで自分で決めないと納得できなかったそうですが、近年、とくに五〇歳を過ぎてからは自分が前にどんどん出ていくより、一歩引いた形で仕事を社員に任せるようにしているというのです。

「最初の頃は社員を信じられなかったというか、自分がやらないとこの会社はダメなんだと思っていました。新しい機械を入れるのも、社員を入れるのも、工場の中での改善とか、そういうものすべてが社長発信でした。逆にいえば、現場から声が上がってくることもなく、

『なぜ、こんなことに気がつかないんだ』『こんなことをやるのは常識だ』といって、自分の思うことを半ば強制的に現場にやらせていました。それがまた、自分でも気持ちがよかったのかもしれません」

しかし、五年前のある日、ある営業部員が浜野社長にこう告げました。

「社長のおっしゃることはごもっともです。われわれは足りないところを本当に申し訳ないと思っています。だけど、社長がいると、みんなの意見が出にくいんです」

その言葉にハッとした浜野社長は、「そうなのか。じゃあ任せてみよう」と決断し、社員に任せることにしたのです。もちろん、それは簡単なことではなく、長年沁みついた癖もあり、任せたことに対して、当初は思ったままをついつい口に出してしまうこともありました。しかし、いつしかその癖も収まり、今では社員に対して、まずは「どう思う？」と意見を求めるようになったそうです。

そうした繰り返しの期間を経て、最近では**部下に多くの仕事を任せられる**ようになってきているということです。

「彼らは彼らで人生を懸けて、家族の生活を懸けて一生懸命頑張っているんだな。最終的な決済とかそういうものは僕が数字を見ながらやらないといけないけれども、この人たちを信じたい、一生懸命さを信じたい、そう思ったのです」

それはおそらく、浜野製作所が浜野社長の個人商店から、社員たち全員でつくり上げる確固たる企業へと変貌を遂げた瞬間だったのかもしれません。

■何でもオープンにすれば、うまくいく可能性は高い

何から何まで一人でやってしまうと、これ以上、浜野製作所が成長できない。そう思い至った浜野社長は、浜野製作所の**さらなる成長のために、自分とは違う視点や才能がある人材を求めます**。入社わずか五年目、三三歳の藤林豊典さんです。副社長への抜擢人事を行ったのです。

この副社長人事では、変貌を遂げた浜野社長の面目躍如が見られます。

将来の後継者を見越した副社長を選ぶ際、浜野社長は潜航人事を避け、全社員に相談するという前代未聞の手段に出ます。社員全員を集めてというわけではありませんが、年に二回行われている社員との個人面談の席で、それとなく社員一人ひとりに相談していったのです。藤林部長（当時）の抜擢に異を唱える社員はいませんでした。しかし、悩みはまだありま

ハピネス✓ポイント

人を本当に信じる――いうは易しです。実際には、相当の覚悟を必要とします。ただ、最近よくいわれている「ダイバーシティ（多様性）」を生かす経営の根底には、「人を信じる」ということが強く求められています。つまり、性別や年齢、国籍等の違いで先入観を持つことなく、まずは「人として信じる」ことがなければ、「ダイバーシティ」の活用はありえないからです。「ダイバーシティ」は中小企業にとって縁遠いものではなく、より関心を高めていかなければならない経営の視点です。浜野社長のように、まずは「信じる」ことを入口にして考え、実践してもらえたらと思います。

そして、人を信じれば、その人は、その「信」に応えようと活動します。すると、そこにはさまざまな価値が生まれます。眠っていた多様性の覚醒です。

人を信じることが「ダイバーシティ」を生かす大きな支え

した。

浜野社長には、会社再建を共に成し遂げた同志ともいえる金岡常務がいます。彼を飛び越えての副社長人事が適切かどうかがなかなか判断できなかったのです。1ステップ置いて、金岡常務を専務にして、藤林部長をまず常務にしようとも考えたそうです。しかし、その金岡常務に諭されます。

「中途半端なことをやると責任感も立場もあいまいになる。やるんだったら、最初から副社長=ナンバー2にしたほうがよいと思う。俺はどんなことがあっても、常に常務なんだから」

この金岡常務の会社を思う言葉で腹を決めた浜野社長は、大抜擢人事を行ったのです。

もともと出版社で働いていた藤林副社長が浜野製作所に入社したのは平成一九年（二〇〇七年）のこと。入社時は現場の職人として採用されたものの、ご本人曰く、職人としては才能に恵まれず、管理畑に回されたということでした。しかし、新天地で才能が目覚めるのです。

浜野社長の眼力にかなった藤林副社長ですが、藤林さん自身も入社時から浜野社長に惹かれていたといいます。

「製造業の現場で働きたいと考えていて、ハローワークで求人票を見たとき、浜野製作所はどんなことをしている会社なのか、どんな人に来てほしいのか、そうしたことが小さな文字で余白がなくなるくらいぎっしりと書かれていたんです。それを見て興味を持ち浜野製作所に応募したのですが、後で浜野社長自身が書いていたのを知りました。それくらい熱い人です。それと、長く付き合ってきてわかったことですが、とても気を使う人でもあります。心配りというか、人の気持ちを大事にする人で、例えば飲み会でも醤油がないテーブルには自ら持って行ってやるとか、ちょっとした気配りが人一倍優れています。家族的な経営という言葉もありますけれど、周りの人たちや従業員のことを親身に思っている人だとわかりました」

才能が才能を呼び、その人柄を吸引力としてそれぞれのポジションを決めて行った感がします。

■工場開放とジョブローテーションで社内の連携を強化する

浜野製作所がインターンシップや産学連携を取り入れていったあたりから、会社自体も閉鎖された環境から開かれた環境へと変わっていきました。そして、もう一つ注目したいのが、

社内の連携強化に向けられた試みです。

その一つが毎月第三土曜日に行われる「工場開放日」です。この日、会社は休みですが、出たい人は会社に出てきて技術を学んだり、あるいは会社の作業機械を使って自分の好きなものをつくったりしていいことになっています。

同じ会社に勤めていても、会社の中では異なる仕事をしていて、隣の部屋の人がどんな仕事をしているのかを詳しく知らないということがよくあります。ましてや職人の世界、でき上がった製品のよさはわかっても、それがどのようにつくられるかは同じ会社の中でも知らない人はいるはずです。浜野製作所の工場開放日は、このような互いの理解を妨げている状況を改善する効果があります。

また、「ものをつくる」という作業は職人でなくても楽しく感じるものです。開放日には職人の指導を受けられるので、よりよいものをつくり出すことができます。家族で参加すれば、家族共通の楽しみにもなります。このように、自由にものづくりができる時間なので、始めた当初は大人気でした。ただ最近は、出てくる人と出てこない人に分かれてしまうという傾向があるということです。**いくらよい制度でも、ときにはつまずきます。常に課題はついて回ります。大切なのは、課題を放置しないこと**です。藤林副社長は今、この課題解決に

ハピネス✓ポイント

起業から発展途上にある中小企業の場合、営業などの外部との接触は経営者が一手に引き受けることが多くなります。そういう経営者も社内にいるときは、生産現場に入らざるを得ないことも多いはずです。

しかし、いつまでも経営者がこうした八面六臂の働きをしていたのでは、経営は頭打ちになります。会社が安定期やさらなる成長期を迎えるタイミングでは、現場は現場に、経営は経営にという職務分けを行い、任せるところは社員に任せるスタイルにしていかないと、会社の安泰は得られません。経営者が息切れを起こしたら、会社が動かなくなってしまいます。それを回避する手立ては常に考えておく必要があります。それは、経営を共に支える人材です。

このように、会社を伸ばそうと考えるなら、「人」の配置を本気で考えることです。同族がいいとか悪いとか、プロパーがいいとか悪いとか、年齢や性別はどうだとか、経営とは異なる資質や要素を検討材料に入れることが往々にしてあります。こうした愚は避け、本当の適材適所はどうなのかを考えましょう。中小企業の場合、経営資源の少なさから「これでしかたない」「今までもこんな感じだった」というように、諦めから来たような固定観念に縛られていることがあるので視野を広げた判断が求められます。

会社を伸ばすには、「人」の配置を本気で考える

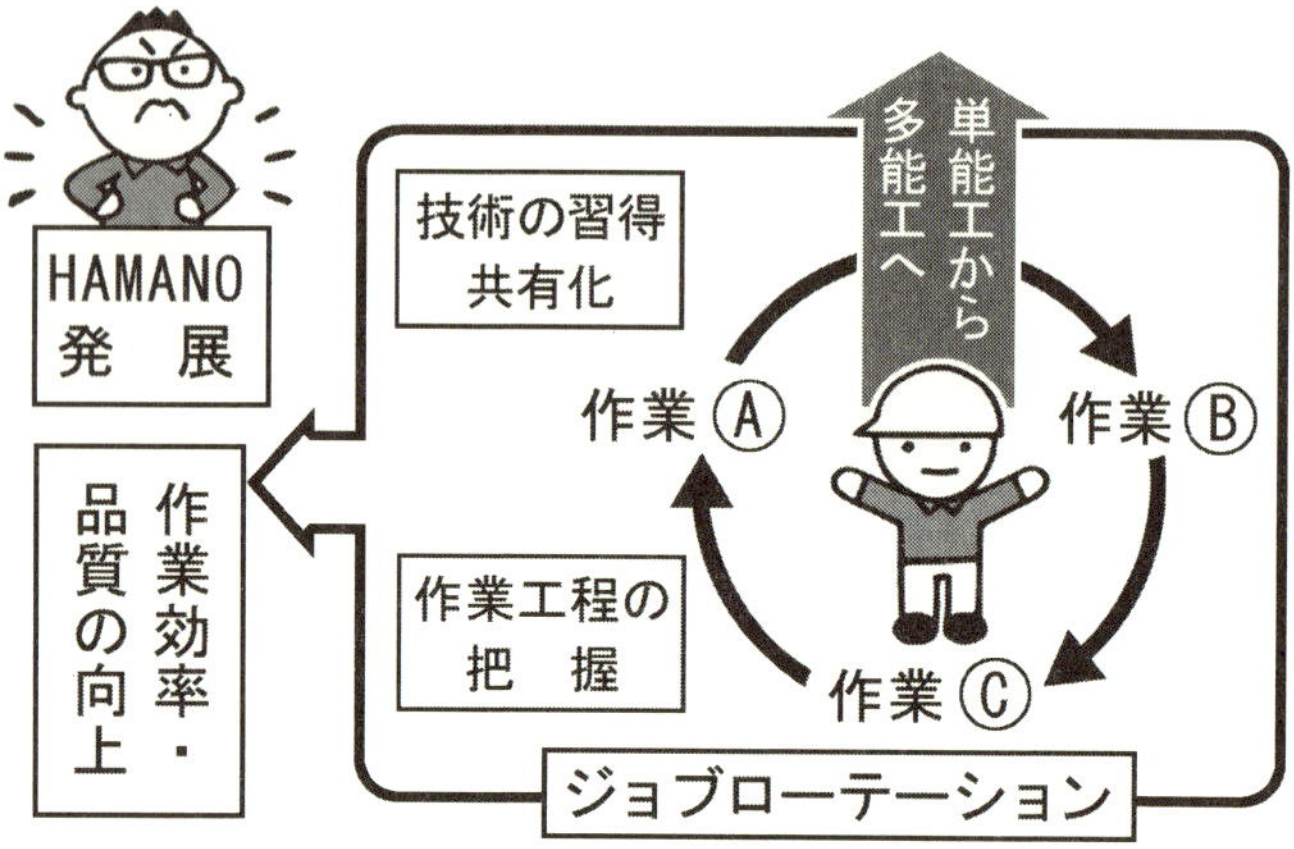

取り組み始めています。

また、ものづくりの技術の承継という観点からは、**職人間の連携できる仕組みも重要**です。そのためには、まず職人の中で、いわゆる属人化されて秘匿状態にある情報や技術をなるべく表に出し、共有化できるようにしたいものです。その職人だけしかできないような技術をそのままにしておくのではなく、作業手順や品質基準をきちんとつくってフォローしていくようなシステムです。

そうはいっても、職人さんの最後のヤスリのひと仕上げとか、そういう部分は文章には書けない微妙な世界なので、文書にしての共有化は難しいところがあります。やはり、現場で実際に経験を積み上げていくことが必要です。

そのために浜野製作所では、**ジョブローテーショ**

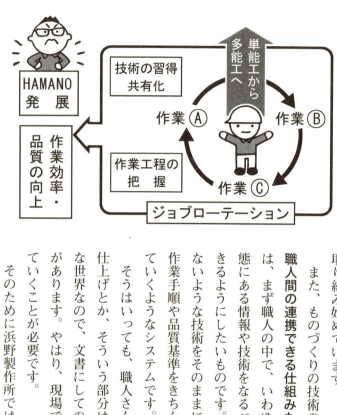

ンという仕組みを取り入れています。昔はとにかく旋盤だったら旋盤工を三〇年間でもずっとやり続けていることができました。単能工で、自分の専門性を高めていけば十分にやっていけたのですが、これからの時代はそれでは通用しません。

「工場の中で一回職場を決めると、なかなか動かしにくいんです。動かすと慣れないことをすることになるので不良品が出たり、納期が間に合わなくなったりする可能性もあります。しかし、ある特定の作業で総員体制を取りたいときや、その技能職人が休まざるをえないときなど、何かあったときには、それをカバーする必要が出てきます。それに対応するには、一人の人がいろいろな機械を使えるほうがいいわけです。それに、いろいろな機械を使えることでほかの工程のいいところ、悪いところも見えます。自分が今やっている工程のよし悪しもわかります。ジョブローテーションは作業効率や品質の向上に必ずつながります」（浜野社長）

最初は反発してやりたくない人もいたそうですが、最近は違います。職人たちも浜野社長の意向を理解し、週替わりのジョブローテーションを受け入れています。**職人一人ひとりが単能工から多能工に変貌**し、今では何かで欠員が出てもフォローできる体制がしっかりでき上がっています。

■意識を高めるには、ときに〝特別感〟を生む演出も大事

さらに、浜野製作所の企業風土となりつつあるオープン性に関しては、**営業関係の数字をすべて従業員全員に公開**しているのも特筆すべきことです。この点について、藤林副社長は、次のように説明します。

「売上やかかった費用、人件費などすべての数字を発表しています。会社の状態を隠しておくのではなく、〝生〟の状態を社員に見てもらうわけです。われわれくらいの規模の会社だとそういった数字はバーチャルなものではなくて、社員の一挙手一投足というか、日々の活動の成果がすべてそこに現れていることなので、改めて各自で認識してもらって自分ができることをやっていくようにしたいと思っています」

こうした〝見える化〟は浜野社長のアイデアで、四、五年前から始まっています。その延長線上で、三年前から「経営計画発表会」を行っています。これは、会社の決算月である九月を一つの区切りとして、新たに一〇月から始まる新年度の一年間に向けて〝所信表明〟を行うというものです。

この発表会の第一回、第二回は工場内のミーティングルームで行われました。全社員が集

まって、新たな期の活動目標と新スローガンを社長が発表するというスタイルでした。それを平成二五年（二〇一三年）からは、会社近くのビルにある会議室を借りて行うようになり

ハピネス✓ポイント

インターンシップやさまざまなプロジェクトによって外部との交流で成果を上げてきた浜野製作所は、内部的にもオープンな改革を行っていました。「工場開放日」は、日頃の職務にかかわらず、さまざまな技術体験ができるシステムです。職人の技術を他の部課の従業員でも体験できるわけですから、製品を真ん中に置いた一体感が社内に育ちます。

また、ジョブローテーションは、野球でいえば、すべての打者が広角打法を身に付けるようなものです。つまり、どこからでも、どこへでも打球を飛ばすことができるわけですから、競合他社にとっては脅威の戦力強化といえます。

インターンシップや工場開放、ジョブローテーションなどは浜野製作所における〝仕掛け〟です。仕掛けの内容は企業によってさまざまになりますが、大切なことは、仕掛ける際の心の持ちようです。浜野製作所のように、組織や社員の〝ハピネス〟のためという精神が必要です。仕掛けには大義が必要なのです。

仕掛けの根底にはハピネス精神を！

ました。

場所を変えるだけの単純な変化ですが、実は、この**些細な変化が従業員の意識に変化をもたらすことがあります**。日常的な仕事の延長で行うのではなく、場所を変えることで〝襟を正す〟という感覚が生まれ、同じ話でも耳への伝わり方に違いが生じるわけです。

リニューアル後の「経営計画発表会」では、会社全体としての方針を踏まえて各部門の行動指針を発表会形式で行うようになりました。そこでは、各部ごとに計画書をつくり、部の目標と従業員個人ごとの目標をそれぞれ発表するようにしています。

「数字の話は突然いわれてもピンとこないものです。社員に対しては、数字を見てそうなんだと思うだけではなくて、実際、自分が普段やっている仕事の中で具体的にどういうことをすればどこの数字が変わってくるのかをわかってもらうことが大事です。具体的にこういうことをしましょうということとセットで話すようにしています」（藤林副社長）

「経営計画発表会」を行うことで、**職人さんたちの経営に対する参画意識は強くなっていくはずです。自分の仕事だけをしていればいいというのではなく、一人ひとりの社員（職人）に参画意識が生まれて数字が理解できるようになれば、コスト意識も生まれて、仕事に対する責任感も増していきます**。

■〝面白い〟から始まるユニークな試みの数々

こう書いてくると、実にユニークな試みの連続で、浜野社長はいつどうやってアイデアを生み出すのだろうと不思議に思います。その秘密の実際はというと、他社の社員と居酒屋で飲んでいるときに出てくることが多いのだそうです。

この〝居酒屋で決まる〟は、浜野社長のキーワードの一つでもあります。一橋大学・関教授のゼミ生のインターンシップや山下さんの転職相談、そして、他社と一緒に行う研修のプランニングなど、居酒屋でアイデアが生まれたり、決まった事柄は数えきれないくらいあります。

実は、**〝飲みニケーション〟は浜野製作所だけでなく、中小企業のワーク・ライフ・ハピネスとは切っても切れない関係にあります**。飲みニケーションが円満に行われる中小企業ほど元気であるという関係も成り立つようです。ただ、気をつけたいのは、飲食の場を設定すればそれでよいかというと、そうとはいえません。浜野社長の持ち味は、酒を酌み交わしながら出てくる「こんなのやったら面白いんじゃないの」という話をすぐ実行に移すだけの力があることです。この実行力があってはじめて飲みニケーションも生きてきます。

■経営者も想像できない、大きなハピネスが結実した瞬間

こうして浜野製作所は現在、浜野社長の個人商店から企業へと変貌を遂げつつあります。その過程で浜野社長はもちろん、社員たちの間にも愛社精神のようなものが生まれ、「この会社をもっといい会社にしていきたい」という思いが確実に育っています。

本項の冒頭に一部を紹介しましたが、ホームページのスタッフ紹介からもそうした愛社精神が伝わってきます。そして、平成二三年（二〇一一年）には社員の親睦組織「はまゆう会」が誕生しました。

また、数カ月から半年に一回はソフトボール大会を開いてみんなで盛り上がっていますし、ときには仕事を定時で終えて、その後にボーリング大会を開くこともあります。

「個人の予定もありますから自由参加ですけれど、ただ参加したいという人がいれば定期的に参加できる場は意識してつくるようにしています。会社では仕事上の付き合いといっても、人間同士ですからある意味で全人格的な付き合いも必要だと思うのです。社員のみなさんには、そういう場をうまく使ってもらいたいですね」

こうしたイベントは経営管理部やはまゆう会の委員が企画します。はまゆう会が企画する

イベントでは、個人が会費として月々積み立てているところから費用を出しますが、会社からも同額の補助が出ます。お互いの負担軽減を図りながら親睦を深めることができるようになっています。

実は、浜野製作所がいかにハピネスにあふれているかを証明するような出来事がもう一つありました。それは、栃木・鹿沼への社員旅行の実施です。

社員旅行なんて今や消えゆく昭和の遺物、といった印象を持たれる方も多いのではないでしょうか。しかし、浜野製作所では平成二五年（二〇一三年）に、創業以来初めての社員旅行が実施されたのです。これは社員たちが企画したイベントで、社員旅行とはいっても、鹿沼市にあるお得意さんの工場ともう一社、別の木工工場の見学が組み込まれていました。会社の稼働日も一日使っているため半分研修、半分休暇といった感じの実益を兼ねた旅行といえます。

それでも、東京を離れて旅館で過ごす時間はこれまた特別感を味わうことができます。従業員同士のつき合いにおいても、会社とはまた違うその人の一面が見られるなど新鮮な気持ちになれて絆も深まるというものです。

「社員旅行はぜひ毎年やりたいと思っています」と藤林副社長は明言しました。

さて、浜野製作所が平成一二年（二〇〇〇年）六月三〇日の火事から再起して一五年目、浜野社長にとっては決して忘れることのできない感動的な出来事が、昨年起こりました。

どんな出来事かというと、浜野製作所では毎日朝礼を行っていますが、ある朝、浜野社長の前で全社員が唐突に経営理念と行動指針を唱和してみせたのです。浜野社長は一度も経営理念を「社員全員で唱和しましょう」などと口にしたことがないのにもかかわらずです。従業員それぞれが、浜野製作所の一員であることを強く自覚し、それを社長に示した瞬間です。従業員たちのその姿を見て、その声を聞いて、浜野社長は心の底から驚き、同時に感動したといいます。

「それ以来、経営理念と五つの行動指針を毎朝、毎朝、唱和してくれるようになったんです。きっと誰かが声をかけたんでしょうね。それが誰なのかはわかりませんが、社長をやっていてよかったなと思える瞬間でしたね。その夜のビールは、実に、うまかったですよ」

その瞬間、**浜野製作所の社員と浜野社長の、両方のハピネスが一致**した。実に、幸福な瞬間だったことが想像できます。

最後に、社員が唱和した浜野製作所の経営理念と行動指針を紹介します。

ハピネス✓ポイント

ワーク・ライフ・ハピネス実現のためには経営者と従業員の両方に得られる満足がなければいけません。会社は当然、最終的には利益を生み出すために役立つものを求めます。実は従業員も同じで、より高い給料が得られれば相応の満足が得られます。

しかし、いずれの欲求も上限の設定ができません。それぞれ上昇すれば、さらに上に向かって欲求が高まります。ですから、利益追求では、ワーク・ライフ・ハピネスには行き着かないのです。利益を求めつつも他の何かが充足することを求める必要があります。それらは、個人の個別の欲求であるので、千差万別です。しかし、自分が今いる企業における欲求は共有できることもあるのではないでしょうか。所属意識の高まりもそうです。浜野製作所の今は、それが存在します。

いわれなければできなかった仕事も自主的に行い、必要とあれば従業員からさまざまな提案も出てきます。そこには〝自律した〟従業員像が現われています。まさに、「社長が変われば、社員も会社も変わる」のです。自主性も積極性も含まれます。こうした従業員が育てば、そのこと自体がワーク・ライフ・ハピネスといえるのではないでしょうか。

社長自身が変われば、社員も会社も変わる

【経営理念】

「おもてなしの心」を常に持ってお客様・スタッフ・地域に感謝・還元し、夢（自己実現）と希望と誇りを持った活力ある企業を目指そう！

【行動指針】

速い事

何事においても「後でやろう！」「時間が出来てからやろう！」ではNG。良いと思った事・言われた事は即時実行の事。

行動に移す事

いくら良い考えがあっても行動に起こさなければやっていないのと同じ。たとえ失敗しても良いのでやってみる事。一番ダメなのは議論だけして「やっている気」になってしまっている事。これでは何も変わらないし、何も生まれない。

努力・工夫をする事

自分の心と頭で考え常に「これが最良か？」と創意工夫をする事。そしてこれを習慣づける事。

協力する事

スタッフ同士で協力をし合い相手の気持ちになって助け合う事。自分だけ良ければ…そんなやつとは一緒に働かない。

継続していく事

上記4項目を一時の事だけでなく継続していく事。

ハピネスリスト

- ☑ リーダーは岐路での意思決定をいかに行うかが問われている
- ☑ 組織変革を起こすには、外からの〝風〟を有効活用する
- ☑ 人に伝える、アウトプットすることで、知識や技術は昇華する
- ☑ 人を信じることが「ダイバーシティ」を生かす大きな支え
- ☑ 会社を伸ばすには、「人」の配置を本気で考える
- ☑ 仕掛けの根底にはハピネス精神を！
- ☑ 社長自身が変われば、社員も会社も変わる

ケーススタディー05

株式会社平金商店

時代の一歩も二歩も先を行くハピネスに満ちた老舗企業

働く女性のキャリアと家庭を応援して、従業員と会社と、地域が共に生きる

プロフィール

所在地：岩手県盛岡市
代表者：平野佳則
資本金：1000万円
事業内容：総合オフィス商社、事務用品・事務機器・文房具等販売
ＨＰ等：http://www.hirakin.com/

■女性が活躍する企業風土でワーク・ライフ・ハピネスを実現

「能力があれば男女問わず登用するようにしています。そうなったのはだいぶ前からで、そもそも当社では、男女を分けて考えることはこれまでなかったといえます。〝男だから〟とか〝女だから〟という考え自体あまり持っていませんでした」

そう語るのは、平金《ひらきん》商店の九代目社長である平野佳則さん。

平金商店は岩手県盛岡市でオフィス用品や文房具、事務機器などを販売している会社です。創業は江戸時代中期の明和四年（一七六七年）。今年は創業から二四八年目になる老舗中の老舗企業です。

平野社長は平成一七年（二〇〇五年）の就任以来、向かい風が吹き荒れて景気が落ち込む地方経済の中にあって、苦心の舵取りをしてきた経営者です。その平野社長の言葉にある「そもそも男女を分けて考えていなかった」という言葉は注目です。

男は男、女は女と、それぞれの役割を分けて考える風潮はどの世界にもあります。とくに会社などでは顕著で、仕事の中心に男を据えて、女性には補助する役割が期待されがちという構図です。明るい笑顔でお茶汲みをする〝オフィスの華〟が登場するドラマや映画はたくさんありました。

しかし、女性はオフィスの飾りではありません。働き手としては男も女も同じという本来的な視点が、平金商店の伝統にあることがわかります。

すでに女性活用が当たり前の企業なら、多くの企業が導入に苦慮しているワーク・ライフ・バランスやワーク・ライフ・ハピネスの実現も達成できているはず。本書の視点である〝ハピネス〟の臭いを強く感じます。

■岩手県で子育てにやさしい企業第一号に選ばれる

もともと平金商店は、江戸時代の創業以来、同地で近江屋の屋号で酒造業を営んでいました。それが明治時代に入って、お茶や紙、筆、墨、硯など文房具、筆記具などを扱う会社になり、第二次世界大戦後の混乱の中、一度会社組織を解散、昭和二四年（一九四九年）に改めて会社組織を設立して現在に至っています。

この平金商店、岩手県では女性が活躍していることで有名な会社です。従業員は現在、正社員七〇人、パートと嘱託を入れると八〇人を超えます。男女の割合（正社員）は半々。管理職は二一人で、女性は八人います。また、部長の席は三席あり、その一席を女性が占めています。

東北というと伝統を重んじる土地柄。昔ながらの男社会なのではないかという想像をするのは勝手な偏見としても、冷静に見て、平金商店の従業員の男女比は十分に時代の先を行く数字のように思えます。〝先を行く数字〟といったのは、平成二五年（二〇一三年）四月に行われた安倍晋三総理大臣と経済界との意見交換会の中で、安倍首相が口にした「二〇二〇年までに指導的地位に占める女性の割合を三〇パーセント程度」とするよう要請したところ

からの表現です。平金商店はこの要請の前に、すでにその割合を超えているのです。

平成二六年（二〇一四年）七月の帝国データバンクの調査によると、企業の管理職に占める女性の割合は六・二パーセントであるとされています。安倍首相の要請した三〇パーセントと比べるとずいぶんかけ離れた数字です。六年後の二〇二〇年に要請を達成するには、相当の努力が必要です。

ちなみに、企業の規模別に見た場合では、従業員二〇人以下の小規模企業は九・一パーセント、資本金三億円以下、もしくは従業員三〇〇人以下の中小企業は六・八パーセント、それ以外の大企業は四・四パーセントとなっています。これらの数字に対して平金商店は三八パーセントで、きわめて高い数字であることがわかります。

平金商店は、ワーク・ライフ・バランスの必要性が叫ばれる何十年も前から、頑張る女性を応援する企業風土を持っていたのです。

こうした企業風土は平金商店の代々の社長が尊重し、今に伝えられてきたものです。この点について、平金商店に入社して三十数年になるという佐々木栄子管理部長は、次のように語っています。

「私が入社したときも女性の課長がいました。私自身、そういう人になりたいと思ってやってきましたし、頑張ればなれるんじゃないかと思えたんですね。ですから、若い女性社員にも『目標とする人を見つけるのは、自分が進歩するためにもいいことだよ』って話していますす」

自分が励みにしたことをごく自然に、次の世代に伝える言葉です。女性社員が頑張る気持ちもわかります。

■育児休暇、有給休暇も社員の身になって制度をつくる

「そもそも男女を分けて考えていなかった」という平野社長の言葉だけでは、従業員に女性の占める割合が高いことの説明がつきません。会社としてはそうであっても、女性には女性

としての居心地のよさが別にあったはずです。

それは、育児休暇や有給休暇をはじめとするさまざまな制度に見ることができます。いずれも働く女性を応援するユニークな制度になっています。

①特定非営利活動法人経営の子育てサポートを利用したときは、かかった金額の半額を補助

ハピネス✓ポイント

経済界は今、女性の創造力に期待しています。女性が活躍することは、経済活性化のための一つの手段として考えられているのです。しかし、女性の活躍を手段や決まりだけで考えてしまうと失敗します。創造力は強制されて生まれるものではありません。自由度の高い、開発に対する強い気持ちがあるときに出てきます。

平金商店では、女性特有の資質を生かす環境づくりが伝統的に行われていました。それが今、東北の地で花開いているわけです。

伝統を育てていくのは難しいことです。しかし、長い歴史の中で育まれる伝統も最初の一歩があります。よい例（平金商店の取り組みなど）を範にして最初の一歩を印せば、いずれの企業でも〝今に生きる〟伝統が育つはずです。

働く女性のハピネス感は、重要な経営資源

しています。

②育児短時間勤務の対象範囲を「小学校就学前の子を養育する従業員」に拡大しています。
③年次有給休暇を前期分繰越日数を除いた全日数、一時間単位で取得できます。
④年次有給休暇を三日間連続で取得することを奨励しています。
⑤妻が出産するとき、夫に一日、お祝い休暇を与えています。
⑥毎週水曜日「ノー残業デー」の実施を行っています。
⑦子どもの看護休暇のうち一日は、有給にしています。

①から⑦までの制度を見て気づくことは、いずれも社員の生活に視線を当ててつくられた〝気配り〟です。とりわけ、小さな子どもを持つ働き盛りの社員が働きやすいような環境づくりに効果を発揮する内容になっていることがわかります。⑤の制度などは、わが子の出産に立ち会いたいと願っている男性社員にとっても大変うれしい〝気配り制度〟です。

ここに平金商店が長い歴史の中で培ってきた企業風土の〝素〟を発見した気がします。**七つの制度に込められた気配りは、社員の「安心感」に向けられている**ことがわかります。

育児休暇が取得しやすい職場環境になっていることが評価されて、平金商店は、厚生労働省の「次世代育成支援対策推進法」に基づく「くるみん」の認定を受けています。また、平成一九年（二〇〇七年）には「いわて子育てにやさしい企業」の第一号にも認証されました。

この「いわて子育てにやさしい企業」は、岩手県が独自に認証する制度で、仕事と子育ての両立支援など、男女が共に働きやすい職場環境づくりに取り組む企業を対象としています。子育て支援を推進する取り組みを行っていることや、育児・介護休業法に沿った育児休業制度を就業規則、または労働協約に規定していることが認証基準となっています。

■家族や子どもの安心を考えれば、働く女性の安心に行き着く

このように、平金商店の制度を紹介するだけでも、女性の働きやすい職場がそこにあることがわかります。また、**社員の〝安心〟に向けられた制度ですから、当然そこにはハピネスの芽吹きもある**はずです。

とくに、①の制度には、社員に安心を得てほしいという願いが込められています。

例えば、子どもの具合が急に悪くなったときを想定してみてください。それでも会社に行かなければいけない。働く女性にはこうした状況はよくあることです。近隣に親や親戚が住んでいれば預けることもできます。しかし、いなければそうはできません。そこで、子ども

を預かってくれる施設を頼ることになります。当然、費用がかかります。①の制度は、その費用を半分、会社が負担するという内容です。

しかし、佐々木管理部長は、このシステムはあまり使ってほしくないともいっています。そう口にするのには理由があります。

「具合が悪いときの子どもさんは、よその方じゃなくて、最も信頼を置くお母さんやお父さんを求めます。ですから、子どもさんが不安を覚える病気のときには、できるだけそばにいてほしいと思います。会社を休んででもです。ただ、そうもいかない状況があります。そういうときは使ってもいいんだよという制度です。この制度は、こうした〝いざ〟という局面にある社員に対して、〝安心感〟を与える役割を持っていると思うのです。会社はみなさん（社員）をこういうふうに〝応援しているんだよ〟ということです」

平野社長も言葉を続けました。

「制度があるからといって、むやみに使ってほしいわけではないんですね。どうしても必要だという人が使える制度なんです。ですから、あるだけで、それが安心感につながるんですね」

二人の言葉にあるように、平金商店のシステムには、背景に社員の〝安心〟が意識されています。女性に家庭を離れて働いてもらうためには、こうした受け皿、いざというときにあると助かるという〝バックアップ・システム〟が重要なのかもしれません。

ハピネス ✓ ポイント

平金商店の制度から得られる〝安心〟は、従業員の仕事と家庭の両方に好影響を与えるはずです。安心から得られるものは後ろ向きの判断ではなく、前向きの指向です。職場においては、経済界が期待する想像力の発揮に結びつくでしょうし、家庭においては視野の広がりが、不安からは決して得られない新たな世界、趣味や学びに向かう意欲を目覚めさせることでしょう。

従業員の不安を軽減する取り組みは、会社の歴史や伝統がなければ難しいというものではなく、社員の生活に目を向けて、課題を見つけて解決することを心がければ実施できるはずです。そのためには、社員の生活に思いを馳せ、課題を見つける努力をすることです。多くの場合、日常的なことは当たり前に思えていることが多く、課題として気づかずに埋没しています。これを気づくようにするには、「これでいいのか？」という疑問をさまざまな出来事や日常的にやっていることに向けてみることです。見つける課題の数が増えてくれば、それはハピネス獲得の手がかりとして機能してくるでしょう。

経営者の気配りと従業員の安心感がハピネスを生み出す

また、規約②の「小学校就学前の子どもを養育する社員は育児のための短時間勤務を選択できる」という制度もユニークです。何がユニークかというと、働く女性を支えるだけでなく、次代を担う子どもの成育に焦点が当たった制度になっていることです。

就学前の子どもたちにとって最も重要な環境要素は家庭であり、母親の存在です。近くに母親の姿がないと、子どもは大きな不安を抱きます。不安は子どもの成長に影響を及ぼします。**母親がいつもそばにいること。これは子どもの成長にとって重要な要素**です。規約②は、この大切な家庭の環境を支える内容です。現在も、女性社員一名がその制度を利用して一日六時間の勤務を続けているそうです。

■有給休暇はすべて一時間単位で取得できるシステム

年次有給休暇制度においても、社員の生活を大切にしている制度があります。先ほど掲げた③の「年次有給休暇を前期分繰越日数を除いた全日数、一時間単位で取得できます」という制度です。

多くの会社では、有給休暇の取得は基本的に一日単位。例外的に半休が許されているというのが実態ではないでしょうか。それを一時間単位で取得できるようにしたのには、やはり理由があります。

朝、子どもを病院に連れて行かなければならなくなったときとか、介護の必要な親の様子を見に行くとき、あるいは、ちょっとした風邪で薬だけもらいに行きたいときなど、こんな事態が幼い子どものいる家庭や要介護者のいる家庭には生じます。これに対応するために有給休暇を丸一日消化しなければならないというのは不合理です。薬をもらったら、すぐ仕事に戻れるのに、ということです。有給休暇の一時間単位での取得は、こうした事態に対応できる合理性を持っています。しかし、一時間単位での取得を管理するのは事務処理量を増やすのではないかと思いますが、実際はパソコンを用いて管理するので、それほど大変ではないそうです。**新しいことをしようとすると、その大変さだけが感じられて二の足を踏みがちですが、相応の便利ツールも存在します。そうしたツール類の活用もあわせて検討すれば、難しいと思えることでも容易に取り組むことが可能**となるようです。

とはいえ、取得条件は先の例に挙げたような切羽詰まった場合だけに限られてはいません。有給休暇の一時間単位を必要とする状況は、日常の生活の中にはたくさんあります。例えば、美容院に行きたい、簡単な用事を済ませたい、来客があるから早く帰って食事の準備をしたい、といった場合にも使うことができます。

この制度の実現までには行政との折衝で大変なこともあったと苦笑する平野社長ですが、社員には好評で、実際、二〇日分をすべて一時間単位で取る社員もいるそうです。

「この制度はぜひ、国の行政機関に推奨してほしいですね」（平野社長）

■女性のキャリアを尊重する助け合いの職場環境

これまで紹介してきた制度は、それぞれ従業員に安心を与える内容でした。いずれもユニークで、多くの中小企業では自社の実情に即して検討してほしいものです。実は、平金商店にはさらにユニークな制度があります。女性のためのものですが、それは単に女性の生活を支えるというよりも、女性の人生を支える制度といえます。

「出産で会社を一年休んでも、出産前のキャリアを生かして職場復帰できる」という制度です。

出産は女性にとって人生の大仕事の一つです。その大仕事に対して、これまで企業はあまり優しくはありませんでした。出産後に職場に復帰できても、以前と違う部署に異動ということはよく聞かれます。そうなると、出産で会社を休む前のキャリアが役に立たなくなることもあります。たしかに、職場から従業員が一人抜ければ、誰かがその穴を埋めます。抜け

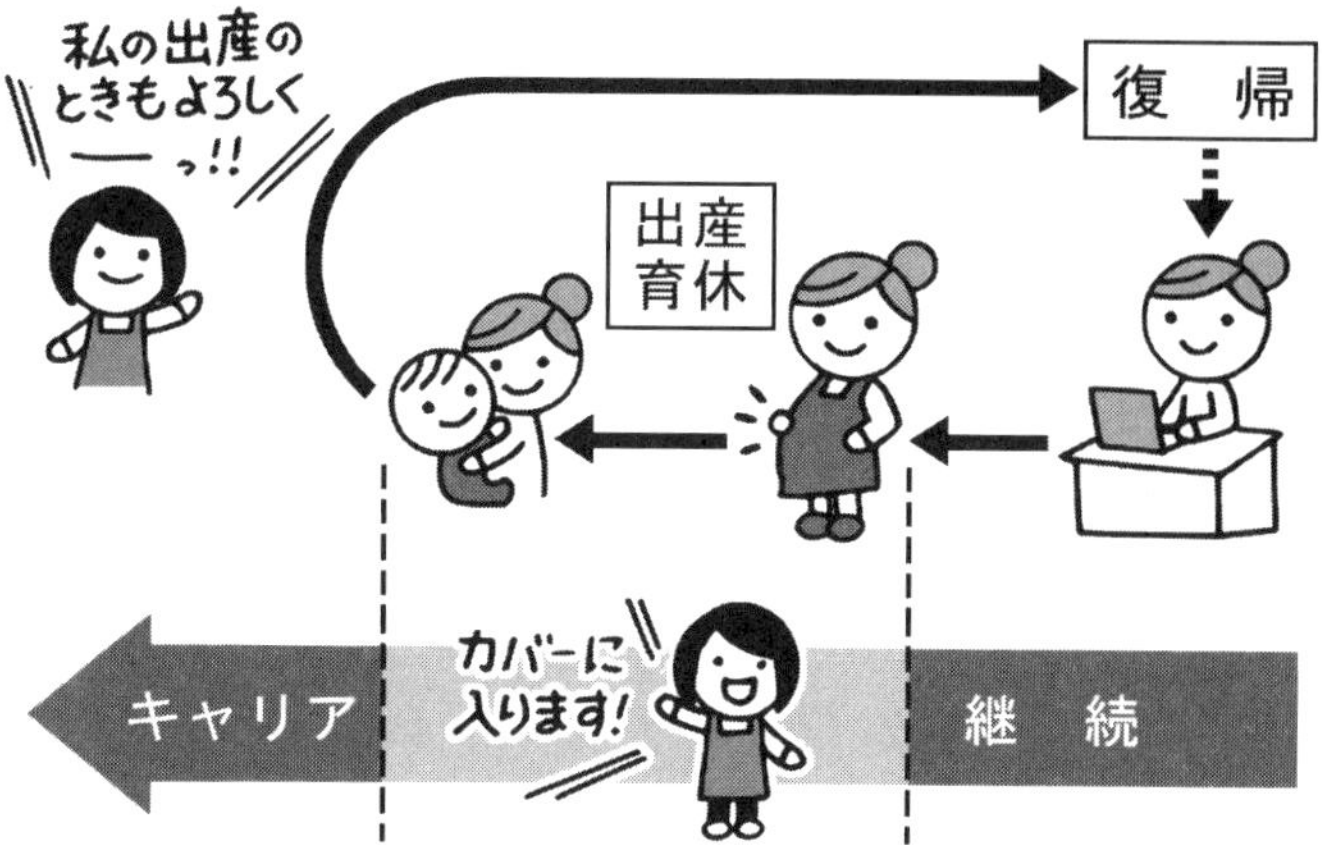

た人が一年の休みを取れば、その一年の間に穴を埋めた人が、その仕事の担当になっても不思議ではありません。しかし、そうなれば、休んでいた人が復帰しても、同じ仕事に就くことが難しくなります。

ところが平金商店では、出産による一年間のブランクがあっても休む前の仕事に戻り、キャリアの積み上げができるのです。

「私が子どもを持ったときは、育児休暇は四二日でした。そういう時代を経験してきていますので、そのとき辛かったこととか、困ったこととかがわかるんです。ただ、やはり私は女性も仕事をして、それから家事もして、というほうが自分も成長するし、いきいきとした人生が送れるんじゃないかと思うのです。そう思って女性の方にも辞めないで、『大変な時期はあとちょっとで過ぎるから頑張りなさい』

という話をしています」

佐々木さんのこの言葉にあるように、**出産の際に十分な休みを取れるということも大事ですが、復帰した後も安心して働けるということはもっと大事なこと**ではないでしょうか。女性が結婚し、出産するまで続けてきたキャリアがそこでプツリと途切れてしまうのではなく、その後もキャリアを生かせることはハピネスにつながります。

まず、女性従業員が出産で長い休みを取る場合、他の従業員が休む人の担当していた仕事をカバーする必要があります。カバーする人にとっては、仕事量が増えるので、大変さが増します。しかし、平金商店では、当たり前のようにカバーに入ります。おそらく、自分の担当している仕事を普通にこなしながら、休んでいる人の仕事をするのは当たり前という考えが育っているのでしょう。

そして、一年を経て休んでいた女性が戻ってくると、元の状況に戻り、カバーしていた従業員はもともとの自分の仕事だけを担当し、休んでいた人は休む前の仕事に戻ることになります。これも、カバーしていた人にとっては、カバーしていた仕事は本来の自分の仕事ではなく、休んでいる人の仕事という認識があるからスムーズに行われるのではないでしょうか。だからといって、無責任なカバーではなく、担当する人がいない間は自分が責任を持つという意識もあります。

こうした考え方は男性にとっても女性にとってもなくてはならないものかもしれません。つまり、結婚している人ならば、次は自分に出産・子育てが待っているかもしれません。同じ状況が起こるわけで、休む人が必要としていることは、自分にも必要なことなのです。こうした考えが育っていれば、助け合いの心が生まれ、職場に活かされます。

こうして、**女性のキャリアを企業の財産として生かす仕組み**が平金商店には備わっているのです。

さまざまな制度について平野社長は、

「別に意識的に仕掛けてつくっているわけではないんですけれど、やはり、家庭生活がうまく行っていないと仕事にも身が入らないので、会社としてできることがあったら取り組んでいきたいということです」

といいます。

こうした数々の制度導入を実際に決めたのは平野社長をはじめとする歴代の社長ですが、その実現に大きく寄与するのは現場の声。佐々木部長をはじめとする女性従業員の自分たちの遭遇する課題解決の提案や要請です。

「たまに講演に招かれたりすると、そういった制度を計画的につくったんですかと聞かれます。でも、ほとんど計画というのはないんです。社員の困っていることを吸い上げていった結果、一つひとつが蓄積されて今に至ったという感じです」

こうした佐々木部長らの提案や要請に対して、平野社長が首を横に振ることはありません。なぜなら、現場の課題は現場が一番わかっているという考えともう一つ、平野社長自身が子育ての大変な時期を経験しているからです。

「自分もこの会社に戻って数年して子どもができて、子育てに追われる時期を迎えるタイミングだったんです。子どもには親が必要だということもわかっていますし、親の大変さも体験していますので、社員から提案があったときには、まずやってみようと思いました」

■震災を経て、理念を社員一同で作成

平野社長が平金商店のトップに就任して今年で九年。歴代社長と同様に、社員のことを考え、社員から提案されたことで、会社のためになると思ったことはすぐに実行してきました。こうして社員も自らが提案したことが採用されれば、より会社に愛着が湧き、一体感も生まれます。

そして、平野社長は平野社長で、社長就任以来、会社に一体感を生み出すための計画を心に秘めていました。それは「経営理念」の構築です。

ハピネス✓ポイント

女性のキャリアを大切にするということは、会社が女性を戦力として考えているということです。仕事も男性と同じ。営業にしてもサポート役をするのではなく、中心となって顧客に対しているといいます。これは顧客に対して、男の視点からは気づかなかった部分の開拓につながるはずです。

しかも、特別待遇で女性を起用するのではなく、平金商店のように、ごく自然に行われることが重要です。これから女性の起用を考えている企業にとって、最初から自然さを発揮することは難しいかもしれません。しかし、女性のキャリアを大切にする考えで取り組んでいけば、いつかその自然さも身に付いてくるはずです。決して制度や決まり事としてとらえないことです。そして、〝自然に〟女性の活躍の場が広がれば、会社は新境地に至り、女性従業員はキャリアを意識して、さらに活躍します。おそらく、他の従業員にとってもよい刺激になるでしょう。こうなれば、ハピネスが向こうから近づいてきます。

自然に女性がキャリアを積み上げることのできる環境

これまで平金商店には、次に掲げるような「経営信条」と「経営目的」がありました。

「経営信条」

誠実（誠意を持って実行に移す心）
奉仕（職業を通じて社会に奉仕する心）
真理（誠の道は只ひとつの信念の心）

「経営目的」

誠実・奉仕・真理の経営信条に基づき
全社員の顧客志向の創造活動で
お客様に愛され信頼される企業になること
顧客のニーズを捉え
役に立つ仕事をすることにより
必要とされる企業であり続けること

しかし、平野社長は、この二つには何か欠けているものがあると思っていたのです。

たしかに、道徳的な面や経営的な要請面は文字面に強く出ています。が、しかし――。そして気づいたのが、社員の視点が盛り込まれていないという点です。そこで、**なんとしても〝社員目線〟を盛り込んだ会社の指針が欲しくなり、経営理念という観点から、その指針をつくろうと決意**したのです。

背景には、**業績が必ずしも右肩上がりとはいえない中、頑張っている社員の支えになるもの、社員の気持ちを一つにまとめて経営的に巻き返しを図りたい**という気持ちがあったのかもしれません。

ここからがユニークな発想になります。

通常は、経営者が一人で理念を導き出し、それを社員に披瀝するというスタイルです。しかし、平野社長は〝社員一同でつくる〟ことを持ちかけたのです。

「経営信条と経営目的は昔からあったんですが、もともとこの二つには社員の視点が入っていなかったんです。社員の視点を入れたいという思いもあり、また、経営目的にいたっては暗記するのも大変なくらい長い文章でしたので、それを一言でいい表せるようにしたいということで、（経営理念を）みんなであらためて考えたんです」

そんな思いで、平野社長は東京で経営理念塾に参加します。期間は半年に及びました。塾を終えた翌朝、平野社長は新たな経営理念をつくるという意欲に燃えて盛岡に帰郷したのです。

平成二三年（二〇一一年）三月一一日のことでした。

この日のことは多くの人たちが記憶に留めているはずです。

午後二時四六分、東北地方を襲った突然の大地震――東北地方太平洋沖地震です。大きな揺れは東日本全域に及び、また地震によって引き起こされた津波は東北だけでなく関東地方の太平洋沿岸を襲い、甚大な被害をもたらす大災害となりました。

東日本大震災。平金商店の本社ビルも大揺れに揺れ、本社ビル四階に到着していた平野社長も生きた心地がしなかったといいます。帰郷早々に歴史的な大災害に見舞われ、経営理念の構築どころの話ではなくなってしまいました。まず、社員の安否確認を優先。緊急の対応に追われて、社業は停止状態となりました。

「本当はすぐ理念の話し合いをしたかったんですけれど、とてもそんな状況じゃなくて一年という時間が過ぎてしまいました」

苦難の月日を思い出したのでしょう、一呼吸おいて、

「それからですね、ようやく経営理念をつくりたいという話を社員にしたのは――」

震災からの復興は、平金商店だけの願いではありません。今でも仮設住宅での生活を余儀なくされている人たちがたくさんいます。一年の猶予期間は致し方なかったでしょう。しかし、社員目線を取り入れた経営理念です。議論百出だったようです。

「社員みんなを集めて、ひと言ひと言真剣に、ああでもない、こうでもないと議論を繰り返して、ようやくまとまったという感じです」

平野社長が経営理念をつくりたいと考え始めたのは平成一八年（二〇〇六年）。それから六年経った平成二四年（二〇一二年）七月に、ようやく平金商店の経営理念が出来上がりました。

【経営理念】

私たちは
社員と皆様ひとり一人の
豊かな人生を求め続けます

二七文字の理念には、平野社長以下平金商店で働く人たちの思いが込められています。

「社員だけがよければいいというわけではなく、『皆様』の中には、お客様、法人顧客、地域の人々、社員の家族、金融機関、仕入先、協力会社、株主など八方にいるいろいろな人を思い描いています。その『皆様』が豊かになっていくような会社にしていこうということです。それを常に求め続けていくんだという気持ちをこめた文章になっています」

そう語る平野社長ですが、経営理念をつくろうと持ちかけられた社員の一人である佐々木部長はどのように考えていたのでしょうか。

「（経営信条と経営目標にしても）正直いって、思い出すのは年に何回かでした。けれど、みんなでつくる、しかも選ばれた人だけでなく、社員なら誰でも参加できる。そうやってつくったものなので親しみがありますし、最後は社長が決めたんですが、私たちがつくったみたいなところもあります。何でも携わると感じ方とか頑張りとか違いますね」

どんなに立派な経営理念でも、社員に共感されていないとその存在価値も、掲げている意味もなくなってしまいます。なぜなら、**経営理念の存在価値とは、社員みんなが同じ方向を向いて、これからの会社のことを考えていこうとする意欲を育てることにある**からです。

平金商店の場合、〝自分たち〟でつくった経営理念ですから大事にしないはずがなく、二七字に込めたそれぞれの思いを胸に刻んで、社員全員が一丸となって日々の業務に励む原動力になっています。

ハピネス✓ポイント

押し付けが反発を受けるのは、よくあることです。まして、経営理念などは深く内容を吟味しなければ、行動に反映されず素通りをしてしまいます。それを防ぐために毎朝、理念として掲げられた文言を、声を出して唱和するということも行われます。それも朝礼が終わり、机に戻れば、理念の文言は、口からも耳からも遠ざかってしまう――こうした実情は中小企業においてはよく耳にします。

しかし、ワーク・ライフ・ハピネスを実現している企業において、経営理念は大きな役割を果たしています。会社の目指すところや考えていることが体に沁み込むと、それは会社における活動の大きな力になることがわかります。それが、社員目線を重視し、作成のために社員の中に投げ込まれ、そこから生まれた理念であれば、生まれる過程で社員の体に沁み込んでいるはずです。これほど強力な経営理念はありません。

経営理念がないので、これからつくりたい、あるいは見直したいなどという場合には、「社員一丸」で創り上げることをお勧めします。また、すでに経営理念がある場合には、それとは別の行動指針のようなものをつくってもいいでしょう。いずれにしても、〝一丸〟〝みんなで〟ということが、後々意味を持つようになります。

社員が一丸となって経営理念をつくる幸せ

■経営理念の〝皆様〟に込められた復興への思い

経営理念の〝皆様〟に込められた地域社会は、平金商店が盛岡市で活動するために常に考えなければならない大きな存在です。

社員は自分たちだけがよければいいという考えではなく、自分の仕事が地域のために役立っているという実感を持つことができれば充実した気持ちになり、それは必ず、ハピネスにつながります。

「われわれがほかの人のために役立っているんだ、地域の人々のためになっているんだということが、もっともっと実感できるような会社にしていきたいと思っています」

平野社長はこう強くいいます。地域貢献が象徴的に発揮されたのが、東日本大震災後の苦闘の日々でした。

震災後、平野社長以下、平金商店の社員たちは地域の人々のためにできることならなんでもやりました。復興のためのボランティアはもちろん、本来なら文房具、事務機器関連の商売ですが、とにかく困っている人の役に立つために〝ワンストップ〟対応を実践しました。

平金商店にいえば、どんなことでも、あちこち別々に頼む必要をなくすという取り組みです。

依頼があれば、文房具や事務機器以外の生活用品でも、手に入るものはなんでも、依頼に応えて現地に届けたそうです。

もともと老舗商店として地域に知られていた平金商店ですが、こうした活動を通して、地域社会との絆をより深めることができたといいます。経営理念にある〝皆様〟には、このときの経験も反映されています。そう考えると、経営理念の中の〝豊かな人生〟には、豊かな地域社会ということも込められているように感じます。

■オープンでアットホームな社風がハピネスを生み出す

平金商店では長い歴史の中で、常に社員のことを第一に考え、働きやすい環境を実現してきました。そこに社員に対する愛情が見え隠れしています。例えば、平野社長や佐々木部長は社員の名前を口にするときは、必ず〝さん〟付けで親しみを込めて呼びます。役職者が偉ぶって上から目線で社員に接していないことも、社長や役員と社員との関係性を円満なものにする秘訣かもしれません。

こうした雰囲気は一朝一夕につくり出されるものではありません。歴代社長がいかに風通しのいい会社をつくってきたかがわかります。風通しのよさは、平金商店の社員間に緊密な結束感を生み出しています。

社員の親睦を深める社員互助会もあります。互助会は定期的に、会合やクリスマスパーティーを開いていますが、集まるのは現役社員だけではありません。定年退職した社員も互助会の会員で、現役組と一緒に参加します。盛岡市内で開かれるイベントには、大勢の現役社員とOB社員が集まるそうです。

「定年になって辞めてもみんな〝自分の会社〟っていう感じですからね。もうとっくに辞めているのに、何かあると『うちの会社は……』ってごく普通にいってくれるんです」

佐々木部長は嬉しそうに話します。

■社長室のドアは閉めずに、社員と親しく、明るく接する

平野社長自身が心がけているのは、オープン性と親しみやすさです。

本社ビルの四階にある社長室はいつも開放されています。その前を通れば、社長が何をしているのか、どんな様子なのかが誰にでもすぐわかります。ドアを閉めるのは、重要な案件について話し合われる部長会のときくらいです。親しみやすさに関しては、平野社長を知る人に異存はないはずです。いつも温和でめったに怒ることはありません。社内では、社員に

気さくに話しかけ、分け隔てなく接しています。ただ、受け止め方は社長の思いを少し離れているようです。

「自分自身は同世代のつもりで話をするんですけれど、相手は違うみたいです」

と苦笑します。

ハピネス✓ポイント

多くのケースで悩ましいのは社員同士の不和です。仕事はたいてい個人ベースでは成り立たず、部課単位やチーム単位で行うのが一般的です。そのとき一緒に協力し合わなければならない者の間に亀裂があると、仕事はうまく動きません。

平金商店には、長い歴史の中で社員の一体感が自然に醸成される雰囲気があります。社員の意見の吸い上げや互助会の存在が大きな役割を果たしているようですが、長い視点で企業経営を考えた場合、こうした一体感醸成の仕組みづくりは不可欠です。一体感があれば、どんな苦しい仕事にもみんなで挑んでいけます。ワーク・ライフ・ハピネスの姿が見えます。

「さん」付けでの呼びかけや心の通った言葉遣いの実践は、その入り口です。

快適な社員同士の関係性がハピネスを生む

平野社長のこうした姿勢は、社員との垣根を取り払い、良好なコミュニケーションを生み出します。**コミュニケーションの重要性は改めて述べる必要もありませんが、会社を活性化したりハピネスを獲得したりするためには重要**です。

平金商店では、社長の個人的な姿勢以外にも、社員とのコミュニケーションをはかるものが存在します。「日報」です。社員は日々、手書きや社内ネットワークにつながったパソコンで「日報」を書いています。その日どんな仕事をしたか、どんなことが頭をよぎったかなどを書いて上司に伝えます。

「メールでやり取りすることもありますけれど、やはり手書きのほうがいいですね。文字だと心が伝わるというか、見た瞬間に気持ちがわかりますからね。一言しか書いてこない場合もありますけど、それはそれで

いいと思うんです」(平野社長)

日報とは別に「自己申告書」というものもあります。社員はこれを書いて、上司や役員に自分の考えや意志を伝えることができます。自分はこうしたい、この部署で頑張りたい、ほかの部署に移りたいなどという希望が紙面に踊ります。そうした意見を吟味し、社員の配置を決める際などの参考にするそうです。

「自己申告書は相当細かく書いてきますので、その中で気になったことを是正するのはよくやっていますね。極力そういう声を勘案して、いろいろと全体的なバランスを考えています。書式はありますが、必要なことは自由に書けるようになっているので、仕事のことだけでなく自分の個人的な事情を書いてもOKです。両親の介護が必要であるとか、子どもが今こういう状態ですとか、もちろん、本人の健康状況とかも書いてもらっています」(平野社長)

ほかに、通常は社員一人ひとりと話せるように四つのグループに分けて、年一回の社長との懇親会を開いています。

■"心"をつないで、会社のさらなる発展を目指す

「ワーク・ライフ・バランスが実現しているなんてさっぱり思わないですけれど、まわりが

いってくださるので、『ああ、そうなのかな』と思うくらいです。よその会社を転々としていれば、多分そういうこともわかっていたと思うんですが、ここでぬくぬくと育っているもので（笑）。ただ、そういう話を聞くと、『うちは恵まれているんだな』と本当に感じます」

佐々木部長はそういって謙遜しますが、ワーク・ライフ・バランスという考えが広まる前からそうした環境をつくってきたこと自体、素晴らしいことではないでしょうか。

ただ、平野社長と佐々木部長が気がかりにしているのが給与水準です。

中小企業の常として、給与水準が全国平均を下回るケースは多々あります。しかし、平野社長はせめて平均、あるいは平均より上にしたいと常々考えています。

景気がよかった時代、平金商店の社員は一三〇数名で、売上も収益も右肩上がりだった時期がありました。しかし、逆に落ちてきたときでも、社員を辞めさせることはしませんでした。

現在の社員数は、前述したように、七〇名です。この数字は、採用を抑えることで自然と減じたものです。

平野社長は今、ここから増やしていこうと考えています。業績はまだ好調というわけではありませんが、地域全体が潤っていくためにも、今後は雇用を増やしていくことが必要だという判断です。平成二六年（二〇一四年）の春も二人の新入社員を採用しました。もちろん、働いている社員の給料を少しでも上げていきたいという気持ちも忘れていません。

ハピネス✓ポイント

　コミュニケーションといっても、いろいろあります。社員同士、同性同士、上司と部下、そして経営者と社員……どのような立場の人の間でも円滑なコミュニケーションが図られる必要があります。とくに、会社の業績のよし悪しは現場で決まるので、現場従業員の状況把握は重要です。現場の実際は業種によって異なりますが、いずれの現場でも一般従業員が不安なく働ける環境があるかどうかが、ハピネス獲得の岐路になります。不安につながるような要素を早く捉え、改善の仕組みを実行するには、その要素に経営者が素早く気づく必要があるのです。

　平野社長がオープン性と親しみやすさを重視するのは、気づきの機会を多くすることにつながります。経営者の執務室をどこにするか、社員は会社の中をどのように動くかなどを検討してオープン性を確保すれば、経営者と社員の適正な接点を見つけることができるでしょう。こうしたところにも工夫を求めることがハピネスの獲得につながります。

オープンマインドとコミュニケーションがある会社にはハピネスがある

「全社員大会では、そのことは一生懸命伝えました。今が最低ラインということで業績目標を設定して、そこから先が利益なので、地域のことを考えながらやっていこうということです」

給料はいいけれども社員をこき使い、道具のようにしか扱わない会社で働くか、その反対に給料が少しくらい平均を下回っていても、社員を人間扱いしてくれて安心して働ける会社で働くか。これは働く者にとって究極の選択のようなものです。

どちらの選択肢を選ぶかは個人の自由です。一ついえることは、若くて元気で体力があるうちは前者でもいいでしょうが、年を重ねて結婚し、子どもができてくるとそうはいかないということです。長い目で見れば、ハピネスが存在しているのは後者でしょう。

実際、平金商店の社員の定着率はきわめて高く、前述したような安心して働ける制度が整っていますから、出産を機に退職した女性は一人もいません。

佐々木部長は、男性より女性の定着率のほうが高いと強調し、次のように語ってくれました。

「うちの会社にはやはり『心』があると思うんです。形じゃなくて、心がある。とくに今の社長をはじめ、代々の社長たちもそうです。私が産休で休んだときも、その後に違う部署を

ハピネス✓ポイント

　形じゃなくて、心がある。そう佐々木部長はいっていますが、平金商店には形も心もあるように思えます。いずれにしても何より大事なのは心です。そう考えると、形式的な枠組みが重要視されるワーク・ライフ・バランスとワーク・ライフ・ハピネスの違いを決定づけるのは、そこに〝心〟があるかないかなのかもしれません。

　心と一言でいわれても、「ん!?」と思われるかもしれません。しかし、平金商店の制度の多くが、従業員のことを思う中で生まれてきていることを考えると、それとなく理解できるのではないでしょうか。会社にとって利益追求は重要です。しかし、その利益を生み出すためには従業員の活躍が欠かせません。では、従業員が活躍できるようにするにはどうしたらいいのか。もう、いうまでもありません。従業員が〝安心〟して働ける環境づくりです。安心のあるところに、ワーク・ライフ・ハピネスは現われます。もしかしたら、会社の利益は後付けになるかもしれません。しかし、ワーク・ライフ・ハピネスを実現している多くの企業で、会社の安定や成長が見られます。

心を通わすことが、ハピネス獲得の基本

訪れたときにいっぱい励まされました」

ハピネスリスト

- ☑ 働く女性のハピネス感は、重要な経営資源
- ☑ 経営者の気配りと従業員の安心感がハピネスを生み出す
- ☑ 自然に女性がキャリアを積み上げることのできる環境
- ☑ 社員が一丸となって経営理念をつくる幸せ
- ☑ 快適な社員同士の関係性がハピネスを生む
- ☑ オープンマインドとコミュニケーションがある会社にはハピネスがある
- ☑ 心を通わすことが、ハピネス獲得の基本

Work-Life Happiness

第4章

さまざまな形のワーク・ライフ・ハピネス

1 ワーク・ライフ・ハピネスの広がり――取材を振り返って

■取材先五社のハピネスの印象

取材を通して今回もまた、

「日本の中小企業には、まだまだハピネスが眠っている」

という実感を深くしました。もちろん、取材先の決定はハピネスの臭いをかぎ分けて行うのですが、実際には話を聞いてみなければ、どのようなハピネスが潜んでいるかはわかりません。その部分が、制度に重きを置くワーク・ライフ・バランスと働く人の気づきや実感に現れるワーク・ライフ・ハピネスとの大きな違いだということは繰り返し述べてきました。

両者の表現では、ハピネスとバランスの部分が違っているだけで、似たような印象を受けがちです。しかし、制度にこだわりを持たないハピネスは、バランスという概念を大きく超えており、中身はまったく異なっているといえます。むしろ、**ワーク・ライフ・バランスを包括するという意味において、昨今話題のダイバーシティ・マネジメント（213ページ）**

に近い考え方も含んでいるように思えます。

ただ、注意しなければならないのは、ワークとライフのバランスをとることからは、ハピネスは生まれないということではありません。バランスを整える制度とは別に、気づかないところでハピネス条件がそろっていることもあるからです。そうした環境では、あたかも制度導入がハピネスを生み出した印象になります。ワーク・ライフ・ハピネスは、バランスをも含むとともに、制度をも含む環境です。ですから、表面的には制度だけでハピネスが得られたと見えることもあるわけです。

どういうことかというと、一言でいえば、ワーク・ライフ・ハピネスは「状況・環境」であり、ワーク・ライフ・バランスは「制度」であるといった捉え方ができます。

詳しくは、前書『実践ワーク・ライフ・ハピネス』の第2章に紹介しています。そちらをぜひご覧ください。

さて、今回取材をさせていただいた五社についてですが、それぞれ独自のワーク・ライフ・ハピネスが存在していました。従業員の働くことと生活することをよく検討し、制度的な背景のある場合もありましたが、もっと実際的な、制度としては形を見せないハピネスも存在していました。やはり、ハピネスを導くのは、制度ではないのだと実感した次第です。

詳しくは今一度、本書の第3章を読んでいただくとして、ここでは、取材を振り返って感想を簡単に述べることにします。

●有限会社トッツ(広島県尾道市、介護) 若い橘高さんたちの熱意に応じての起業。エネルギーの塊が中心にある企業という感じです。介護に詳しい橘高さんたちと狩野社長の正鵠を射る判断力がぴったり組み合わさってハピネスを生み出しています。

●株式会社ミナロ(神奈川県横浜市、木型製作) 勤務先の事業閉鎖から思い立った起業。時代の動きに敏感に反応したビジネスモデルと拡張の判断は目を見張ります。今、創業期を経て会社として機能整備の時期にありますが、それに伴う人材発掘も新たなハピネス生成で注目です。経営者が育ててきたハピネスの芽に周囲の注目が集まり、人材を引き寄せています。

●株式会社リツアンSTC(静岡県掛川市、人材派遣) 業界のブラックボックスに若さで挑戦する経営者。周囲にも若さあふれる人たちがそろい、勢いに乗って走っています。しかも、ブラックボックスから生まれる不信がないことで、多くの派遣社員が派遣業務を超えた情熱を発揮。若さを生かし、軽やかに動くこと自体がハピネスそのものに見えました。

●株式会社浜野製作所(東京都荒川区、金属加工) 中小企業における事業承継の手本のような企業運営が見られます。時代の動きや傾向に敏感に反応し、業種転換。他社の嫌がる短納期への対応。社内の欠けているものにいち早く気づき、社外交流を盛んにした素早い動きは傑出しています。社内の人材育成も怠りなく、充実していくハピネスを感じます。

●**株式会社平金商店(岩手県盛岡市、事務用品販売)**　伝統が穏やかな変革をもたらしている好例です。平成二六年（二〇一四年）イギリスのスコットランド独立騒動では急激な変化を嫌う女性票が独立を押しとどめた要因とも聞きます。平金商店には、今日昨日生まれたハピネスとは違う、穏やかな環境が備わっている感じがしました。ラジカルな変化を嫌うわれわれ日本人にとって、好ましく、適した環境が受け継がれているのでしょう。しかし、穏やかであっても、そこには時代に柔軟に対応できるハピネスが生まれています。

■経営者がけん引し、側近が組み上げるワーク・ライフ・ハピネス

とくに今回は、**ハピネスを経営者のキャラクターがけん引している姿**が目立ちました。個人事業者は当然として、中小企業の多くは経営者が経営だけでなく現場でもたくさんの汗を流すものです。そうした中でも目立つというのは個性的であり、行動的であるということではないでしょうか。会社のための盛んな活動の中に、個性が光っていました。

このことはハピネス獲得にとっては重要な要素で、**経営者が動かなければ、ワーク・ライフ・ハピネスなど夢のまた夢**となってしまいます。個性を発揮する経営者がいて、その経営者を支えるブレーンとなる幹部社員がそろっているというのも、各社に共通しています。つまり、経営者が盛んに動くことはワーク・ライフ・ハピネスを獲得するために重要ではあるけれども、独走されては従業員は必ずしもついてきません。起業して間もない段階では、がむしゃらに働かなければいけないということもあります。しかし、本格的なワーク・ライフ・ハピネスを実現しようとしたら、どこかの段階で経営の見直しは必要です。そのとき、経営をサポートしてくれる人材が必要になるということです。

今回取材させていただいた浜野製作所には抜擢人事の藤林副社長がいました。今回は会うことができませんでしたが、その抜擢を促した浜野製作所が再起するときからの同志である金岡常務も浜野社長をしっかり支えていることが伝わってきました。ミナロには齋藤さんと嶋さんがいます。二人とも入社して一、二年ですが、創業から安定成長期に入ろうとする会社の屋台骨づくりに貢献しています。そしてトッツには、介護事業を起業するきっかけをつくってそのまま狩野社長のサポートをし続けている橘高さんがいます。リツアンSTCの平野専務も創業からずっと野中社長といっしょで、今は人材派遣の最前線である東京の支社長として活躍しています。平金商店には女性部長の佐々木さんがいて、数代の社長のもとで、その辣腕をふるい、老舗企業を支えていました。

経営者がたった一人でワーク・ライフ・ハピネスを実現している企業はありませんでした。これまでお目にかかれていない従業員の中にも会社の元気を支える活動をしている方が多くいるはずです。

それは当然のことかもしれません。**ワーク・ライフ・ハピネスを手にするということは一人だけがいい目を見るということではありません**。実現に当たっては、その環境にいる人みんながハピネスを感じていなければいけませんから、必然的に経営者を支える存在が登場することになります。

■オープン性と横型リーダーシップ

もう一つ特徴的だったのは、各社とも、**従業員からの意見の吸い上げと外部との接点づくりを上手に行っている**という点です。

例えば、トッツの顧客指向は、職員や施設の入所者の意見を重視する点に現れています。これが、硬直しがちな介護現場に変革をもたらしてもいました。リツアンでは社員の意見に経営者が敏感に反応。社業の派遣事業だけでなく、次の布石になる事業を開始したりしていました。こうした従業員のアイデアに対する経営者の反応は、社員のやる気に火をつけます。派遣社員がさらに会社をよくしたいという活動を起こすなど、会社の求心力を高める効果も感じられました。また、平金商店では、従業員とともに全社的に作成した経営理念にある「皆様」という表現に、周囲に対する思いやりと共存の願いが強く感じられました。とくに、地域社会への感謝の気持ちを強く意識していることが伝わってきました。

浜野製作所のインターンシップや産学官連携、そして工場見学の受け入れなどは、まさに企業の閉鎖性を打ち破る強力な外部指向です。そして、ミナロ。緑川社長は自身の会社のことだけでなく、また、業界の発展だけでなく、中小企業全体の存在をアピールするべく活動しています。社長のエネルギーの多くが、外部との交流に注がれているのです。そこから、新たな協力関係も生まれていました。

中小企業の場合、得てして自社の技術やシステムに頼りがちで、外部との接点が限られてしまいます。しかし、ワーク・ライフ・ハピネスを獲得する企業はそうではありません。外部とのオープンな交流を通して、自社に足りないものを意識し、導入に向けて動いたり、協力関係を築いたりします。こうした動きを支えるのは〝横型リーダーシップ〟です。

自社にない製品なり、技術なり、サービスなりを他社に見いだすことはよくあると思います。見つけると、ただの羨望で終わることも多くありますが、なかには自社との連携を思い描く経営者もいます。しかし、そこまでのイメージでは横への広がりはなかなか進みません。もう一歩踏み出すことが必要で、それが今回取材させていただいた各社にはありました。とくに浜野製作所の横の連携には目を見張ります。産学官の連携などその典型で、積極的に手を挙げ、参加しています。このように、**自ら横のつながりを求めて動くことは、ある意味でリーダー性の発現**です。**積極的な行動からできたつながりからは、一本の矢より二本、二本より三本という、中小企業に求められる連携の強固さが生まれる**のではないでしょうか。

2　ワーク・ライフ・ハピネスをどう考えるか

■実体がつかみにくいハピネス

取材をさせていただいた企業数は、前回と今回を合わせて一〇社。いずれの企業にもそれぞれハピネスがあったことは、これまで述べてきました。あるだけでなく、〝**ハピネスは成長**

する〟という側面を見ることもできました。

各社それぞれに特徴のあるハピネスであり、ハピネス度やハピネスの質も異なっていました。取材の中で感じたのは、先にも触れましたが、**経営者のハピネス推進力の重要性。その推進力を的確に発揮するには、いずれの企業でも〝気づき〟が大きな位置を占めていました。**私たちもまた、〝気づき〟には十分な配慮をもってワーク・ライフ・ハピネスを考える必要があると思っています。第2章でも述べましたが、ワーク・ライフ・ハピネスは制度的な枠組みや外形を持っていません。いくら元気のある企業でも、「これが元気の素ですね」とは簡単にはいえないわけです。姿が曖昧なだけに捉えどころがありません。しかし、つかんだワーク・ライフ・ハピネスの素は、ここに紹介するためにも形に表します。でも、それでその企業のハピネスがすべて語れるわけではありません。それだけワーク・ライフ・ハピネスの実態は見えにくく、真似しにくいという厄介な面もありました。しかし、だからといって、手をこまぬいていれば、ハピネスに近づくことはできません。

これを自社のハピネスの生成・発展に結びつけていくためには、分析し、〝気づき〟を得るための努力を怠ることはできません。ということで、私たちもまた〝気づき〟に留意しつつワーク・ライフ・ハピネスに接していかねばならないわけです。

■〝愛〟の必要性に気づいた企業が生き残る

ワーク・ライフ・ハピネスがその実態を捉えにくいという理由の一つは、**元気の素が一つだけではない**ということが挙げられます。一つの中心的要因があったにしても、他の要因が絡んでこなければ、ハピネスを呼び込むことができないのです。例えば、何かよい制度を導入しても効果を発揮する場合と発揮しない場合があります。つまり、発揮させる何かや発揮させない何かがあるわけです。このように、**ワーク・ライフ・ハピネスは複合的な関係性の上に生まれます**。これは重要なことで、私たちも分析に当たっては複眼的な視点を持ち、要因間の関係性を見落とさないようにしないといけないことになります。

しかも、中心的要因は一つではありません。表面に見えるところの中心的要因と、その背景に潜んで大きな役割を果たしている要因も見つけないといけないのです。今回の取材では、この背景にある要因が経営者の口に上っていたのを見逃すことができません。

それは〝愛〟――です。

第一章でも〝愛〟ある経営が発展につながると紹介しましたが、まさにその通りです。繰り返し述べていますが、ワーク・ライフ・ハピネスは制度に拠らない、非常に実態のつかみにくいものです。そういった意味で、その**元気の秘密に近づいていくと、〝愛〟が浮かび上がってくる**こともわかります。

しかし、そうはいっても、「わかった」とはいえないのが、これまた〝愛〟という概念です。ある人はやさしさを、その中身として挙げるかもしれません。温もりや厳しさを挙げる人もいるかもしれません。そう、愛は一言では説明ができないのです。難しい概念が飛び出してきたものだと思いますが、それは、これまでの取材やこれから重ねる取材を通してさらにその実態に迫るとして、ただ、取材させていただいた各企業には〝愛〟が存在したことだけはたしかです。さもなければ、経営者と従業員の信頼感や従業員間の協力関係など生まれません。

■〝覚悟〟が従業員と会社と、そして自分を大きくする

もう一つ、**経営者には〝覚悟〟が必要**だと断言したいと思います。どのような覚悟かというと、**「裏切られてもいい」という覚悟**です。少し物騒な表現ですが、ゴーイングコンサーン（企業の継続性）を損なうような致命的な傷でなければ、任せた社員が多少の失敗をしても許すという覚悟。度量の深さといっていいかもしれません。

経営者はときには、従業員に対して厳しいこともいわなければなりません。権限移譲などは、自分に対する厳しさも求められます。そうしたときには、ある種の覚悟をもって接するのではないでしょうか。覚悟がなければ、期待した効果など得られることもなく、そこに、ハピネスは育ちません。従業員には経営者の傲慢な面だけが印象づけられ、両者の間には深い溝が掘り込まれるはずです。

ワーク・ライフ・ハピネスを実現するためには、経営者のリーダーシップが重要と述べましたが、実現できた企業の場合、その経営者には、前項で述べた愛があり、そして覚悟があったことがわかります。

もう一つ大切なのは、**経営者の投げかけを受け止める側である従業員の抱く愛と覚悟**です。経営者の求めの意味を理解し、それに応じて働く。この関係性も、ワーク・ライク・ハピネスを実現した企業には存在します。

常に「社員や取引先に裏切られるんじゃないか」などと疑心暗鬼でいたら、真のリーダーシップも真の経営も実現できません。

そういう意味では、**〝覚悟〟や〝度量の深さ〟というのも〝愛〟の一面であり、「人を信じて任せる」という点では、ダイバーシティ・マネジメントに繋がる**のだと思います。

3 ワーク・ライフ・ハピネスとダイバーシティ・マネジメント

■二つの多様性の相似性

昨今、ワーク・ライフ・バランスとともに、ダイバーシティ・マネジメントの必要性が強くいわれています。当然、ワーク・ライフ・ハピネスを提唱する私たちも、ダイバーシティ・マネジメントの考え方や取り組みは視野に入れておかなければいけません。

ダイバーシティ・マネジメントを一言でいうと、「多様性を取り入れた経営」といえます。とすると、第2章でも述べたように、**そもそもワーク・ライフ・ハピネスには多様性が存在**します。このワーク・ライフ・ハピネスの多様性とダイバーシティ・マネジメントでいうところの多様性をどのように考えるかということになります。

ダイバーシティ・マネジメントは、個人や集団の間に存在するさまざまな違い、それらを多様性として、その多様性を武器に企業の成長を促す何かを得ようとする考えです。ここに出てきた「個人や集団の間に存在するさまざまな違い」は注目です。というのは、ワーク・

ライフ・ハピネスの考え方においても、意識しているタイプの多様性だからです。これまでお伝えしてきたように、**社内に存在するさまざまな違いに焦点をあてて、ハピネスを得ようとしているのが、ワーク・ライフ・ハピネス**です。そこには元気の素があり、元気の素は実態がつかみにくいが、そうした要素が複数絡まっていて、その上にワーク・ライフ・ハピネスが生まれていると説明しました。

つまり、**ダイバーシティ・マネジメントの多様性は、視点を変えてはいますが、ワーク・ライフ・ハピネスの元気の素である〝実態のつかみにくい要素の関連性〟と重なる**もののようにも思えるのです。

ワーク・ライフ・ハピネス環境にいる従業員はモチベーションも高く、積極的な仕事ぶりは当然、生産性向上に結びつきます。つまり、多様性の中から会社の成長が実現できる構図ができていることになります。ワーク・ライフ・ハピネスをそのままダイバーシティ・マネジメントに重ねることはできませんが、おそらく、ワーク・ライフ・ハピネスの中にはすでにダイバーシティ・マネジメントの考え方が潜んでいることはたしかです。先にも述べましたが、例えば、男性でも女性でも、若年者でも高齢者でも、プロパーでも中途採用の社員でも、正社員でもパートや派遣社員でも……それぞれの多様性を受け入れ、覚悟を持って「信じる」ことが原点だと思うからです。ワーク・ライフ・ハピネスの先に、ダイバーシティ・マネジメントの実現が得られるといっても過言ではないでしょう。

ここで一つ、ドラッカーの言葉を紹介します。

「マネジメントとは、組織の人間を成長させることである。つまりそれは、組織の人間の訓練と啓発にかかわることである」

この言葉はまさに、組織マネジメントの面からワーク・ライフ・ハピネスを捉えています。ワーク・ライフ・ハピネスの実現は、組織内の人間の成長と、有機的な結びつきを持つ会社組織の成長にあると私たちは考えています。言葉は、そのために必要な自発的な訓練と啓発を指摘しています。私たちはあえて、「自発的な」という言葉を付け加えました。それは、元気の素はやらされ感のともなうところにはないからです。経営者や従業員それぞれの自発は、多様性の発露につながります。

このように、組織マネジメントに大きな軌跡を残したドラッカーの指摘にもワーク・ライフ・ハピネスと重なる部分が見られます。自発的に訓練を重ね、新たな啓発を求める経営者と従業員が育ち、集う企業——私たちは、そうした企業を探して、ワーク・ライフ・ハピネスを見つけ、これからも紹介していきます。

おわりに

本書を最後までお読みいただいた読者の皆様、ありがとうございました。
そして、今回取材させていただいた企業の皆様、お忙しいところを取材に応じていただき、本当にありがとうございました。

混迷を極める現代社会ではありますが、本書をお読みになった方々へ多くの〝気づき〟を促し、ワーク・ライフ・ハピネスを実現していただくことを願ってやみません。

もちろん、今回登場いただいた五社と業種、業態、規模、地域などが全く同じという企業はないと思います。そこで、これら五社の〝元気の素〟をどの企業でも参考・応用できるように一般化したものが、第3章でまとめた「ハピネス・ポイント」です。

そこには、単に生活と仕事のバランスをどうしようかと悩んでいる状況を超えて、どの企業でも実現可能な「生活と仕事の両方を充実させ、楽しく仕事をするためのヒントや成功の法則」を見いだすことができると思います。

ぜひ皆様に、活用していただけたら幸いです。

さて、「仏つくって魂入れず」という言葉がありますが、ワーク・ライフ・バランスという制度は、正に〝仏〟に該当すると思います。大企業でも中小企業でも、この考えに沿った制度があるに越したことはありません。

しかしながら、そこに〝魂〟が入っていなければ、制度は形骸化してしまいます。つまり、制度はあっても意味のないものになりかねないのです。そこで魂が非常に重要になるわけです。この魂こそ私たちが提唱するワーク・ライフ・ハピネスの実現だと思うのです。

ただ、本書をお読みいただいてご理解いただけたと思いますが、ワーク・ライフ・ハピネスは多様でさまざまな形をしています。その実現は口でいうほど簡単ではなく、難しいものでもあります。

たとえていうなら難解なジグソーパズルのようでもあります。しかし、難解とはいえ解答は必ず存在します。

少し話題を変えますが、先日、今、注目されている心理学者のアドラーについて書かれた著作を読み、「おお、これだ！」と感じたことがありました。そこに、私たちが求める解答にかかわるヒントを見つけた気がしたのです。少し触れておきましょう。

アドラーは「人間は相対的にプラスの状態を目指して行動している」といっています。これは、アドラー心理学の根幹をなす考え方で、今、注目されているところでもあります。どういうことかというと、人間は身体的に劣るところがあると、それを克服するような行動をする。また、劣っているところがなく満たされていても、今よりさらに富んだ状態を目指して行動をする、というのです。

これを踏まえて考えると、そもそも人間は前向きに生きるようにできていることがわかります。しかし、現実には必ずしも前向きとは思えない生き方や行動をとることもあります。それはなぜでしょうか。それは、前向きに生きることを邪魔する何かがあるからではないでしょうか。

さらにアドラーは「人間はもともと社会的動物である」ともいっています。社会というと大きく捉えがちになりますが、複数の人間が共に生活する環境はすでに社会そのものです。つまり、企業などの組織も一つの社会を形づくっています。そうした社会性が求められる環境も本来は人間に適したものということになります。しかし、社会では対人関係上の問題などが起きがちです。会社内においては、考え方が違ったりすると、全社的な前向きの指向を損なってしまうこともあります。

ここに紹介したアドラー心理学の考え方からすると、人間は「プラス思考」「社会性」をそもそも持って生まれてきていることになります。こうした本来的な人間の性質と、私たちが提唱しているワーク・ライフ・ハピネスを重ね合わせて考えると、驚くほどの重なりを感じます。

我々が提唱するワーク・ライフ・ハピネスは、イキイキ、ワクワクを職場に実現し、前向きに、楽しく仕事ができる環境のことです。このことは前作から一貫して申し上げてきました。言葉を変えて表現すると、人間の前向きな考え方を損なうものを取り去るということになります。ここには、「常にプラス思考で人の可能性を信じる」という意味も含まれています。その結果として、人々の関係性の質やポテンシャルが高まり、会社や組織の成長に結びつくというわけです。これは言い換えれば「ダイバーシティ・マネジメント」の本質と言ってもよいと思います。

ワーク・ライフ・ハピネスを実現している企業を見ると、そのことは明らかです。従業員一人ひとりのハピネスを考え、改善の方策を立てていました。それは、アドラーのいうところの、人間本来の思考と行動ができるようにすることであり、それがワーク・ライフ・ハピネスが目指す環境であったわけです。人それぞれには個性があり、組織内におけるその関係性も一義的ではありません。その結果、ワーク・ライフ・ハピネスは、さまざまな姿を見せます。例えば、儲けが少なくても笑顔が生まれる会社がそうです。不足する部分を補って余りある満足がほかにあれば、ワーク・ライフ・ハピネスが存在するという例です。こうした会社は次の段階ではきっと業績がアップし、売上も伸びているはずです。

このようなアドラーの心理学に照らすまでもなく、私たちはこれからも元気のよい会社を取材し、難しいパズルを読み解く作業を続け、多くのワーク・ライフ・ハピネスを見つけ出し、ご紹介していこうと考えています。

最後に、本書にたずさわっていただいた、また快くご協力いただいたすべての皆様に心より感謝申し上げます。

著者一同

[監修者]　**藤原直哉**（ふじわら なおや）

経済アナリスト。株式会社あえるば会長。認定NPO日本再生プログラム推進フォーラム理事長。1960年、東京都生まれ。東京大学経済学部卒業。住友電気工業株式会社入社後、経済企画庁経済研究所に出向。1987年、ソロモン・ブラザーズ・アジア証券会社入社。その後独立し、経済アナリストとして活躍。現在、株式会社あえるばの会長を務め、独立系シンクタンクとして時事分析、リーダーシップの教育、新しい観光・農業の推進等の業務を行っているほか、NPOでは各方面にわたる日本再生の活動を行っている。著書、訳書、監修に『日本再生プログラム』『経済アナリスト 藤原直哉の未来を拓く思考法』（著）、『実践リーダーシップ学』（監訳）、『実践 ワーク・ライフ・ハピネス』（監修）など多数。

株式会社あえるば

〒250-0011 神奈川県小田原市栄町2-13-12 ASUKAビル2F

TEL：0465-44-4750／FAX：0465-44-4751

http://www.aeruba.co.jp

認定NPO日本再生プログラム推進フォーラム

〒103-0026 東京都墨田区両国3-25-5 JEI両国ビル3F

TEL 03-3633-8631 ／ FAX 03-6866-8614

http://nipponsaisei.jp

[著　者]　**阿部重利**（あべ しげとし）

ヒューマネコンサルティング株式会社代表取締役。NPO法人わぁくらいふさぽーたー代表理事。経営革新等支援機関認定事務所（経済産業省）。経営コンサルタント。ビジネスコーチ。CFP®。キャリアコンサルタント。ワークライフバランスコンサルタント。1963年、神奈川県生まれ。國學院大学法学部卒業後、大手金融機関に入社。独立後、企業コンサルティングの他、全国で年間約150本の講演・研修等をこなし好評を受け続ける。著書に『コモディティ投資入門』『実践ワーク・ライフ・ハピネス』など多数。

ヒューマネコンサルティング株式会社

〒343-0843 埼玉県越谷市蒲生茜町25-1 クラウンハイツ1-A

TEL：048-940-0736／FAX：048-940-0741

http://www.humane-c.co.jp

榎本恵一（えのもと けいいち）

税理士法人恒輝代表社員。税理士。経営革新等支援機関認定事務所（経済産業省）。株式会社ウイズダムスクール代表取締役。一般社団法人日本経営コーチ協会理事長。1963年、東京都生まれ。1986年、専修大学商学部会計学科卒業。2000年、産能大学大学院経営情報学研究科経営情報学専攻修了（MBA）。現在、税務・財務・経営・人事コンサルタント、経営者・企業家のための叡智の学校Eラーニングシステム Wisdom School 校長として幅広く活躍。著書に『経営コーチ』『実践ワーク・ライフ・ハピネス』など多数。

税理士法人恒輝

〒130-0026 東京都墨田区両国3-25-5 JEI両国ビル3F

TEL：03-3635-3507（代）／FAX：03-3635-5696

http://www.ecg.co.jp

装丁・本文デザイン
□市川由美
イラスト
□まきのこうじ
編集
□佐藤弘文
□萩原忠久
□大石直孝（万来舎）

成功する会社は仕事が楽しい！
実践 ワーク・ライフ・ハピネス2

2015年2月6日　初版第1刷発行

監修者：藤原直哉
著　者：阿部重利・榎本恵一
発行者：藤本敏雄
発行所：有限会社万来舎
〒102-0072　東京都千代田区飯田橋2-1-4
九段セントラルビル803
電話　03（5212）4455
E-Mail letters@banraisha.co.jp
印刷所：株式会社エーヴィスシステムズ

ISBN978-4-901221-86-3